モロッコ
邸宅リヤドで暮らすように旅をする
YUKA

4	**Prologue**
6	**How to get to Marrakech** マラケシュの行き方
8	**Exotic Marrakech** ピンクシティ魅惑のマラケシュ
10	**Marrakech Medina Map** マラケシュ・メディナ (旧市街) Map
12	**4Daysオススメプラン** 魅惑のマラケシュで女子力アップ

Welcome to Moroccan Riad！
ようこそモロッコのリヤドへ

| 18 | **マラケシュで極上リヤドステイ**
モロッコの伝統的な宮殿ホテル |

CONTENTS

CHAPTER 1
Romantic Riad
ロマンティックリヤド

24	Riad El Fenn リヤド エル・フェン
32	Riad Enija リヤド エニヤ
38	Riad Palais des Princesses リヤド パレ・デ・プリンセス
42	Riad Laora リヤド ラオラ
46	Riad Moullaoud リヤド ムラウド
50	Riad Boussa リヤド ブッサ
54	COLUMN 1　リヤドで食事

CHAPTER2
Glamorous Riad
グラマラスリヤド

56	Riad Camilia リヤド カミリア
62	Dar Grawa ダール グラワ
66	Riad Monceau リヤド モンソー
70	Riad & Spa Esprit du Maroc リヤド＆スパ エスプリ・デュ・モロッコ
74	Riad Al Moussika リヤド アル・ムシカ
78	Les Jardins de la Koutoubia ル・ジャルダン・ドゥ・ラ・クトゥビア
82	COLUMN 2　リヤドでハマム体験

Exotic Morocco
エキゾチックモロッコ

144 **各地をめぐるモロッコ**
宇宙と繋がるパワースポットサハラ砂漠へ

146 **ロマンティックなバラの村**
ケラア・ムグナへ

148 **雑貨にであうモロッコ**
エキゾチックなアラブのスークへ繰り出そう

150 **おいしいモロッコ**
体に優しい モロッコ旅ごはん

152 **かわいいモロッコ**
モロッコ土産

154 モロッコ基本情報

156 **Epilogue**

CHAPTER3
Stylish Riad
スタイリッシュリヤド

84 Riad Idra
リヤド イドラ

88 Le Riad Berbere
リヤド ベルベル

94 Riad Al Massala
リヤド アル・マサラ

100 Dar Kawa
ダール カワ

104 Riad Mur Akush
リヤド ムル・アクシュ

108 Riad Vannila Sma
リヤド バニラ・スマ

112 Riad Due
リヤド ドゥエ

116 COLUMN 3　リヤドで料理教室

CHAPTER4
Elegant Riad
エレガントリヤド

118 Riad Signature
リヤド シグネチャ

122 Dixneuf la Ksour
ディズヌフ・ラ・クスール

124 Riad 72
リヤド ソワサンドゥーズ

128 Riad Tchaikana
リヤド チャイカナ

130 Dar Assiya
ダール アシヤ

134 La Ferme Medina
ラ・フェルメ・メディナ

136 Riad Lyla
リヤド ライラ

140 Riad Flam
リヤド フラーム

142 COLUMN 4　カフェでリヤド体験

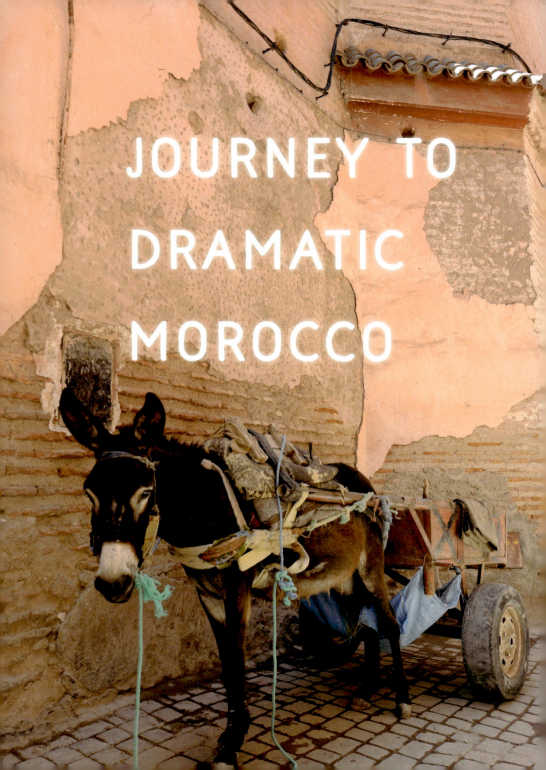

Prologue

はじめまして。
私は「旅」と「カメラ」が大好きで
カメラ片手に世界中を旅しています。

気がつけば、訪れた国は 53 か国。
なかでもモロッコにはなぜか特別な魅力を感じています。

初めて訪れた時の衝撃は今でも忘れられません。

色鮮やかなモロカン雑貨　自然豊かな絶景の数々
究極のパワースポット サハラ砂漠　エネルギッシュなスーク
熱いモロッコの人たち　圧倒的美しさのリヤド
マラケシュには旅人を魅了するたくさんの魅力が詰まっています。

この場所でしか体験できないリヤドでの滞在は
「迷宮の中で暮らすように旅をする」
モロッコでの最高の宝物になるでしょう。

リヤドでの感動をたくさんの人に伝えたい！
そんな思いから本作りがスタートしました。

重いドアの向こうに広がるエキゾチックな夢の世界……
この本ではリヤドの魅力をたっぷりとご紹介します。

旅が好きな人も
モロッコが好きな人も
インテリアが好きな人も

あなたの何かのきっかけになると嬉しいです。

How to get to
Morocco Marrakech
マラケシュへの行き方

アフリカ大陸の北西端に位置するモロッコ。
日本からの直行便はなく、ヨーロッパや中東での乗り継ぎのみで
そのほとんどがカサブランカに到着します。

そこからマラケシュへは鉄道で3時間15分、車で2時間ほど。
自宅を出てから24時間以上かかってしまうため
旅慣れていてもやはり長時間のフライトは疲れるもの。

オススメは乗り継ぎのヨーロッパを旅してから
ＬＣＣで直接マラケシュに入るルート。
例えば、パリやスペインからだとたった3時間のフライトで
「異国の地マラケシュ」に行くことができます。

空から眺めるピンクシティマラケシュも感動！

Exotic Marrakech

ピンクシティ魅惑のマラケシュ

ヨーロッパを旅していた時、モロッコまで簡単に行けることを知り飛行機で向かったのがマラケシュの街。タクシーから見たピンク色の街並みとミステリアスな雰囲気に驚きを隠せず……あまりにも衝撃的だったのを今でもはっきりと覚えています。ヨーロッパやアフリカ・様々な人種やカルチャーがミックスされたマラケシュの街は埃っぽさと人の渦でカオスそのもの。メディナを訪れたらきっとそのエネルギーに圧倒されるはず。旅人を魅了してやまない不思議な魅力にあふれ、何度訪れても新しい発見と驚きがあります。アザーンの音が響き渡るエキゾチックなメディナ（旧市街）。1日中太鼓や笛の音が鳴り響き大道芸人たちでごった返しているエネルギッシュなフナ広場。カラフルなモロカン雑貨が並ぶ世界最大のアラブの市場（スーク）。そんな喧騒のメディナとは打って変わって、静寂に包まれた麗しのリヤドステイ。フォトジェニックな街歩き・ショッピングにハマム（スパ）・モロッカングルメなどモロッコでの楽しみ全てがギュッと詰まった女子旅にピッタリの魅力あふれる街マラケシュ。旧市街を歩けば、いつの時代に戻ってしまったのかと思うほどローカルな人々の生活が今も残り、マラケシュの魔法で不思議な出来事が次々に起こります。世界中の旅人たちがそんなマラケシュの街の魅力にはまってしまうのかもしれません

A バヒア宮殿　メッラー地区

3 Riad Palais des Princesses
リヤド パレ・デ・プリンセス　　　　P38

9 Riad Monceau
リヤド モンソー　　　　P66

15 Riad Al Massala
リヤド アル・マサラ　　　　P94

27 Riad Flam
リヤド フラーム　　　　P140

B ドワール・グラワ広場

4 Riad Laora
リヤド ラオラ　　　　P42

6 Riad Boussa
リヤド ブッサ　　　　P50

8 Dar Grawa
ダール グラワ　　　　P62

11 Riad Al Moussika
リヤド アル・ムシカ　　　　P74

18 Riad Vannila Sma
リヤド バニラ・スマ　　　　P108

20 Riad Signature
リヤド シグネチャ　　　　P118

C ベン・ユーセフ・マドラサ
マラケシュ博物館　写真博物館

2 Riad Enija
リヤド エニヤ　　　　P32

5 Riad Moullaoud
リヤド ムラウド　　　　P46

7 Riad Camilia
リヤド カミリア　　　　P56

10 Riad & Spa Esprit du Maroc
リヤド＆スパ エスプリ・デュ・モロッコ　P70

14 Le Riad Berbere
リヤド ベルベル　　　　P88

16 Dar Kawa
ダール カワ　　　　P100

23 Riad Tchaikana
リヤド チャイカナ　　　　P128

24 Dar Assiya
ダール アシヤ　　　　P130

D ドゥカラ門

13 Riad Idra
リヤド イドラ　　　　P84

17 Riad Mur Akush
リヤド ムル・アクシュ　　　　P104

19 Riad Due
リヤド ドゥエ　　　　P112

22 Riad 72
リヤド ソワサンドゥーズ　　　　P124

25 La Ferme Medina
ラ・フェルメ・メディナ　　　　P134

E ムアッシン地区　クスール門

1 Riad El Fenn
リヤド エル・フェン　　　　P24

12 Les Jardins de la Koutoubia
ル・ジャルダン・ドゥ・ラ・クトゥビア　P78

21 Dixneuf la Ksour
ディズヌフ・ラ・クスール　　　　P122

26 Riad Lyla
リヤド ライラ　　　　P136

魅惑のマラケシュで女子力アップ

"4Daysオススメプラン"

Day1
モロッコに到着！
長いフライトを終えてついにアフリカの地へ。
カラッと乾いた空気に真っ青な空が最高！

14:00／カサブランカ空港に到着
家を出てから24時間以上。
さすがに疲れが出るけれど、
そのまま電車でマラケシュへ。

20:00／マラケシュ駅に到着
駅舎もオシャレ！

夜はリヤドスタッフのお迎えが安心。
エキゾチックなメディナにワクワク！！

20:30／憧れのリヤドにチェックイン
豪華絢爛なリヤド（邸宅ホテル）の雰囲気
にうっとり。ウェルカムドリンクのミント
ティが疲れた体にしみわたる♪
お土産に欲しいミントティセット♪

21:00／素敵なリヤドでディナー
到着した日の夜はリヤド
のディナーを事前予約。
雰囲気抜群のパティオで
ディナーを楽しんで♡

24:00／モロカンインテリアの部屋でゆっくり就寝

エキゾチックなアロマの香りに癒されなが
ら長旅の疲れをとって。おやすみなさい。

DAY2
マラケシュのメディナを散策！
いよいよ魅惑の街マラケシュの喧騒の中へ。
フォトジェニックな旧市街歩きにはカメラ
を忘れずに！

7:00／小鳥のさえずりでお目覚め
モロッコの真っ青な空でスッキリの朝。
身支度を整えて1日がStart！

8:00 テラスでブレックファースト

キッチンにいるスタッフに声をかけて天気のいい日はテラスにセッティングしてもらおう！

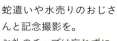

蛇遣いや水売りのおじさんと記念撮影を。
お礼のチップは忘れずに。

10:00 メディナ(旧市街)を散策

リヤドを一歩出ると、辺り一面ピンク色の街並み♡昨日は夜で分からなかったけど、夢の世界に迷い込んだかのよう。目に入るもの全てが別世界！写真を撮りながら歩いているとあっという間に時間が過ぎる。

11:00 マラケシュのへそ フナ広場へGo！！

フナ広場の朝はまだまだのんびりモード。
屋台のオレンジジュースにトライ！

12:00 世界最大のスーク(市場)を散策

フナ広場からスークへ入って初日はざっくり下見。カラフルなモロッコ雑貨に目を奪われるけれどショッピングは明日たっぷりしよう！！

14:00 スパイス広場でランチ

スークのパワーに圧倒されながらラグスークのある広場へ。可愛いカゴバッグやモロカン雑貨が並ぶ青空市に、アルコールが飲めるレストランやカフェがいっぱい！マラケシュの喧騒を眺めながらモロッコ料理を堪能しよう！モロッコに来たらタジン鍋＆クスクスはマスト。

Enjoy CUSCUS！

16:00／迷路のようなスークを探検

小さな路地までびっしりと店が並ぶスークは何時間あっても足りない。職人さんの手仕事を見学したり見るもの全てに新しい発見がいっぱい！

21:00／リヤドでリラックス

早めにリヤドに戻ったらモロカンラウンジでミントティを飲んで日記を書いたりとっておきの自分時間を。

18:00／名物クチに乗って散策

マラケシュの馬車に乗って街をめぐろう！夕方が気持ちよくてオススメ。

DAY 3
今日は１日ショッピングDay!!!

マラケシュのスークはモロッコ雑貨天国！歩きやすい靴で丸１日ショッピングを楽しもう！

8:00／モロッコ式朝食を

昨日とは違う場所をキープして美味しい朝食でエネルギーチャージ！朝のオムレツがタジン鍋で出てきて可愛い♪

19:00／フナ広場の屋台へ

毎日がお祭り騒ぎのフナ広場も夕方からが本番！カフェでサンセットを楽しんだら屋台にチャレンジしよう！

10:00／新市街ギリーズへ

ギリーズまではプチタクシーが便利。

スークでのお買い物は基本値段が付いていないので事前にフィックス価格のある伝統工芸館やギリーズのブティックをチェック！

12:00 / フナ広場を眺めながらランチ

お祭り騒ぎの広場にはレストランやカフェが並んでいます。テラス席で道行く人を眺めながらモロッコ料理を堪能しよう！

13:00 / スークでショッピング！！！

所狭しと並ぶカラフルなモロッコ雑貨に心を奪われます♡お気に入りを見つけたら交渉スタート。

モロッコ人との交渉を楽しんで。魔法使いみたいなおじさんもいっぱい！

オシャレなセレクトショップもたくさんあるので気になった店は要チェック！疲れたら可愛いカフェでひと休み。

18:00 / オシャレしてディナー

夜の雰囲気が抜群のリヤド モンソーへ。伝統的なモロカン料理を堪能して。

21:00 / リヤドに戻ってハマム体験

リヤドに併設されたハマムでモロッコ式スパを。すっぴんでウロウロできるのは宿泊者の特権！アロマの香りに包まれたマッサージで自分へのご褒美。

DAY 4
博物館巡りと女磨きの1日

今日はゆっくりモロッコ建築を堪能。
ラグジュアリーハマムで旅の疲れを癒そう！

8:00／遅めの朝食でSTART
毎日違うメニューが嬉しい！

博物館巡りはまとめてセットで行こう！

- 10:00／写真博物館へ
- 11:00／ベン・ユーセフ・マドラサへ
- 12:00／マラケシュ博物館へ
- 12:30／クッバ・バアディンへ

13:00／ダール シェリファでランチ
古い邸宅をリノベートした人気のカフェ。建物自体が素晴らしいのでゆっくり過ごして。

15:00／マジョレル庭園へ
イヴ・サンローランが愛した庭園にはショップやカフェも併設。ゆっくり見学しよう！

16:00／フナ広場で最後のサンセットを
カフェのテラス席は早めにキープ。
お祭り騒ぎのフナ広場を眺めよう！

19:00／カフェ・アラブへ
メディナでアルコールを飲めるところは数軒。ここのテラスから見る夕焼けは涙が出そうなほど感動！お酒を飲みながらゆったり過ごして。

夜のスークはモロカンランプが綺麗♪

22:00／リヤドで最後の夜を
素敵な部屋も今日が最後。明日のフライトに備えてハマムでマッサージをしたり部屋でゆっくり過ごそう！

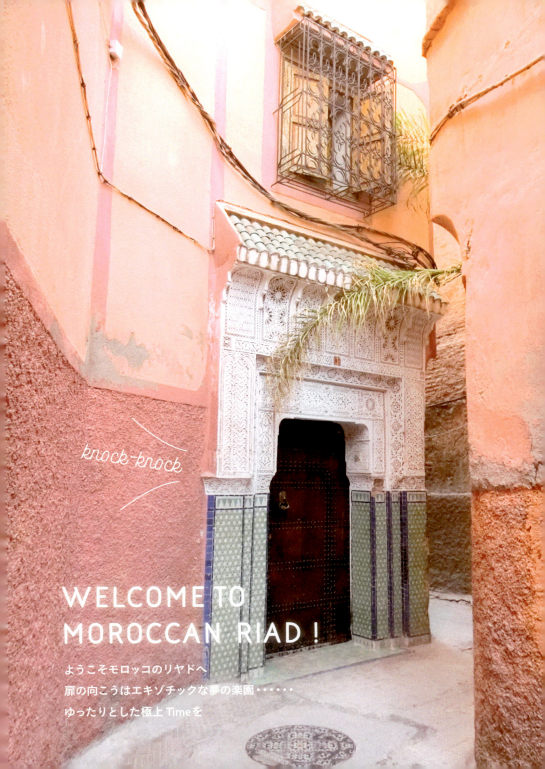

モロッコの伝統的な宮殿ホテル

"マラケシュで極上リヤドステイ"

リヤドとは本来「木が植えられた庭」や「パティオ（中庭）のある邸宅」と言う意味のアラビア語。見捨てられつつあったモロッコの伝統的な古い邸宅、その美しさに魅せられたヨーロッパの人たちが邸宅を買い取り彼らの美的センスでオシャレに改装したプチホテルが続々オープン。現在ではこうして生まれ変わった邸宅ホテルが「リヤド」と呼ばれている。マラケシュだけでも1000軒を超えるリヤドがあり、超高級のラグジュアリーなリヤドからリーズナブルなものまでランクはさまざま。リヤドによってオーナの個性が出て内装やインテリア・サービスが全く違うのでお気に入りのリヤドを見つけるのもモロッコ旅の楽しみの一つ。

まさに大人の隠れ家のような、ホテルとは一味違ったモロッコならではの濃い体験が味わえる空間だ。豪華絢爛なモザイクタイルや彫刻で彩られたイスラム建築。カラフルなモロカンインテリアやファブリックの配色センス……リヤドはまさにインスピレーションの宝庫！天国のような美空間に誰もが心を奪われるはず。

リヤドに安全にたどり着くには？

多くのリヤドはメディナ(旧市街)の中にあり小さな看板のみで、地元の人でもわからないことも。迷路のようなメディナの中でリヤドを見つけるのは至難の業。予約の際に必ずスタッフにアクセス情報をもらっておくように。自力で行こうとしてすぐ見つかれば良いが、迷ってしまった時、自称ガイドとのトラブルも多いのでオススメできない。

カルーサってなに？

どのリヤドも路地の奥にあることがほとんどで車が入れないので、大きなスーツケースなど荷物が多い場合は、カルーサと呼ばれるリヤカー引きにお願いして運んでもらう。距離や荷物にもよるが20〜30DHのチップを渡すのがマナー。

リヤドの中はどうなってるの？

こんな所に本当にリヤドがあるの？というような辺鄙な場所にポツンとあるドア。そのドアを開けた瞬間、外の喧騒からは想像もできない夢のような魅惑の別世界が広がっている。かすかに漂うジャスミンやオレンジブロッサムの香り、イスラム建築のゼリージュ(幾何学模様のタイル)や石膏彫刻の美しい中庭、その静かで魅力的な空間に誰もがきっと驚き感動するはず。私自身初めてリヤドに泊まった時、何度「素敵〜♡」と言ったことか……。

写真だけでは伝わらないのが残念だが、どのリヤドもなんとも言えないゆったりとした空気が流れている。パティオにはオレンジの木や噴水があり、吹き抜けから差し込む太陽の光が気持ち良い贅沢空間！そのパティオを取り囲む形で部屋があり、屋上のテラスに上がるとさらに夢のような世界が広がっている。カラフルな花が植えられたテラスからはピンク色のメディナの町並みが見渡せ遠くにはアトラス山脈も見える。太陽の光が降り注ぐ気持ちのいいテラスでいただくミントティや朝食は格別。夜景もまた素晴らしく、メディナに響き渡るアザーンの音を聞きながらお酒を飲む時間はまさに至福のひととき。(イスラムの世界なのでクローズタイプのテラスもたまにあるので、予約の際に確認を)

Point 見学のみ可能なところもあるのでインテリアが好きな人はリヤド巡りもオススメ。

リヤドのサービスって？

多くは家庭的なサービスが中心だが、中にはレストランやバー・ハマムまで併設されている高級ホテル並みのリヤドもある。
誰かの家にお泊まりしてるようなアットホームな感覚でリラックスできるのが魅力。宿泊と朝食が基本のサービスでディナーは事前に予約すればOK。エキゾチックな雰囲気の中でいただくディナーは格別。アルコールはおいていないところもあるので、お酒が飲みたい時は事前に確認を。送迎サービスやランチ、ランドリーやツアーを手配してくれるところも。小さなリヤドではオーナーが一室に住んでる場合もあるが、深夜はスタッフが男性一人だけになるところもあるので女性一人旅で不安な場合は女性オーナーのリヤドか大型のリヤドに泊まることをオススメする。フレンドリーなスタッフが多いので困ったことやわからないことはスタッフにどんどん相談してみて。それぞれのリヤドでサービスも違うので予約時に確認するのを忘れないで。

部屋はどうなっているの？

オーナのこだわりや個性・美的センスが詰まったまさにアート空間！！伝統的なモロカンスタイルからフレンチモダンまで部屋ごとに異なるインテリアが魅力。置かれている家具や雑貨一つとってもインテリアの参考になるものが多く見ているだけで楽しい。事前にホームページで部屋を確認できるのでお気に入りのインテリアを見つけてみて。

Point　人気の部屋は半年先まで予約がいっぱい！早めの予約がベター。

リヤドの良いところ

- ☐ 友達の家のようなアットホームな雰囲気が楽しめる
- ☐ スタッフもフレンドリーな人が多く楽しい
- ☐ モロッコの伝統建築を間近に体験することができる
- ☐ おいしい朝食やディナーを素敵な空間で楽しめる
- ☐ モロカンエステ＆極上スパを体験できる
- ☐ 素敵なモロカンインテリアが参考になる
- ☐ メディナの地元の人たちの生活を体験できる

リヤドでの注意点

- ☐ 部屋に鍵のない場合もある
- ☐ バスタブはあってもフルにお湯がたまらないことも
- ☐ シャワーのお湯が安定しない
- ☐ 一人でたどり着くのが難しい
- ☐ 深夜や早朝に出歩く人には向いていない
- ☐ ドアはその都度ベルを鳴らして開けてもらう
- ☐ 深夜になるとスタッフは男性一人になることも

事前確認チェックポイント

- ☐ 空港や駅からリヤドまでの送迎
- ☐ 到着が夜になる場合のディナーの予約
- ☐ アルコールの有無
- ☐ テラスからの眺望の有無
- ☐ エアコンや暖房設備
- ☐ モロカンハマムの有無

CHAPTER
1

Romantic Riad

カラフルでキュートな魅惑の楽園
美しいモロカンカラーで彩られた
ロマンティックリヤド

Riad El Fenn
リヤド　エル・フェン

魅惑的なモロカンカラーの宮殿でドラマティックな滞在を

フナ広場から徒歩5分。クスール門から1分と絶好のロケーションに位置する豪華リヤド エル・フェン。オーナーのバネッサさんとジェームズさんが見つけた邸宅を2年かけて修復。2004年にたった6室のリヤドとしてスタートし、現在は7棟をつなげ部屋も23室に増築。家族や友達同士で宿泊可能なプライベートハウスも4室ある。ホテル並みの行き届いたサービスが人気で、世界中のセレブ御用達の高級リヤドとして知られ数々の雑誌にも紹介されている人気のリヤド。建築資材にもこだわり天然素材を取り入れるなどエコラグジュアリーなコンセプトも

1_ ピンク好きにはたまらないピンクカラーのLarge Roomは50㎡と快適な広さが魅力。壁やソファまでモロッコならではの配色で女子旅にもオススメ　2_ 寒い日には暖炉の前でゆったり過ごせるのも嬉しい

data
MAP p10-E
Derb Moullay Abdullah Ben Hezzian Bad El Ksour Medina Marrakech
+212 524 44 1210
contact@el-fenn.com　www.el-fenn.com

CHAPTER 1　*Romantic Riad*

魅力の一つ。カラフルで洗練されたインテリアは、まさに宮殿に宿泊しているかのような贅沢気分が味わえる。広大なテラスから見えるピンクシティーの景色も圧巻！マラケシュを訪れるなら一度は泊まってみてほしい素敵なリヤドだ。
エルフェンの部屋は、200ユーロからのSmall Room、250ユーロからのMedium Room、500ユーロからのExtra Large Room、740ユーロからのプライベートハウスなど、他にもいくつかのカテゴリーに分かれているのでわかりやすい。そのどれもが異なるインテリアでゴージャス！同じカテゴリーでも全く違う印象の部屋

リクエストしよう

1_ リヤドのドアを開けると真っ赤なエントランスホールが出迎えてくれる　2_ 光の差し込む気持ちのいいパティオではお気に入りの場所をリクエストして朝食を。自分と向き合いたい日はここでヨガクラスを受けることもできる

になっているので、事前にサイトでお気に入りを見つけてリクエストすることをオススメする。Large Roomの一つ、神秘的な深海をイメージさせる鮮やかなブルー1色の部屋は圧巻（P26・27上参照）。フレンチシックな猫足のバスタブやモロッコの伝統素材タデラクトで作られたバスタブ付きのバスルームも人気がある。アメニティはモロッコの人気ブランド「ネクタロム」の製品がシリーズで用意されて

いるのも嬉しい。女性心をくすぐる細やかなサービスが随所に散りばめられているのも人気の秘訣だ。

リヤド内のいたるところに、ゲストがリラックスできる静かなくつろぎのスペースがある。この一角だけでも部屋になるのでは？と思うような2階の回廊スペースの素敵なこと！！（P31参照）モロッコキリムやランプで彩られ、贅沢すぎるリラクゼーションラウンジになっている。

29

1_ テラスでいただけるモロカンランチはおいしいと評判　2_ プライベートハウスは景色のいいジャグジー付き

どんなに暑い日でも熱々のミントティをどうぞ

寒い日には暖炉の前であたたまったり、雨の音を聞きながら読書をするのもいい。リヤドに帰ってきて部屋に戻るまでのほんの少しの時間、このスペースでミントティをいただいたり旅日記をつけたりとっておきの時間を過ごしてみてほしい。リヤドの本当の居心地の良さを実感できるはず。パブリックスペースでのアクティビティやスパメニューも充実。外の喧騒に疲れた日や、自分と向き合いたい朝は、ヨガやピラティスのクラスにトライしてみよう。リヤドの中だけで1日ゆっくり過ごしても飽きない、本当は誰にも教えたくないとっておきの隠れ家。
家族で訪れても女友達との旅でも最高の思い出ができるステキなリヤドだ。

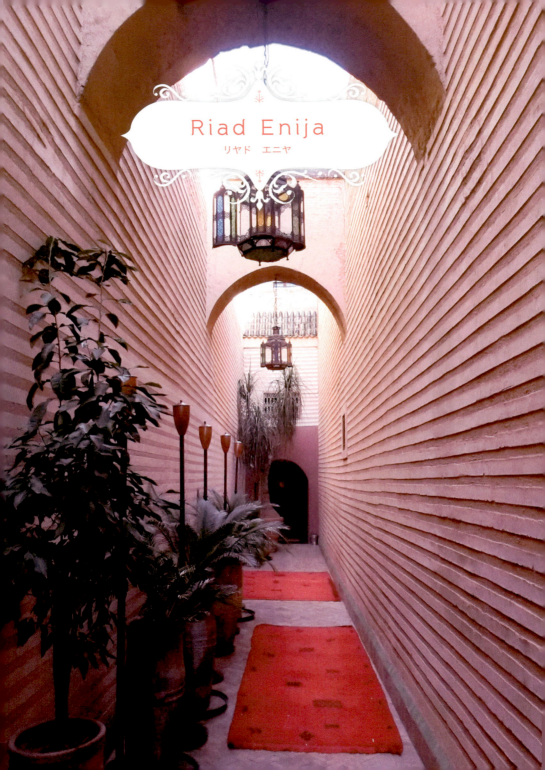

カラフルなテキスタイルのソファーと月をイメージしたオブジェ

data
MAP p10-C
🏠 Rahba Lakdima Derb Medfioui No9 Medina Marrakech
☎ +212 524 44 0926
✉ riadenija@riadenija.com　🌐 www.riadenija.com

色とりどりの花びらと
モロカンアロマの香りがステキ！

色彩美あふれるアラビアンナイトの世界へタイムスリップ

300年前の宮殿を改装したラグジュアリーなリヤド。ドラマティックなエントランスからはじまり、重厚な扉をあけて一歩中に入れば……そこにはメディナの中にあるとは思えない、静かで美しい楽園が広がっている。女性好みのビビッドな色彩のインテリアの数々、装飾の美しいゼリージュやアイアンワーク、ベッドリネンやクッションなど独特の色彩美は、まさにアラビアンナイトの世界そのもの。ヨーロッパのデザイナーやセレブの定宿として数々の雑誌やメディアで紹介されているのもうなずけるリヤド エニヤの世界観。レストランだけの利用も可能なので、ぜひ訪れてみてほしい。女性同士の旅に特にオススメのリヤドだ。立地の良さは今まで宿泊してきたリヤドの中でダントツの1位！観光のメインになるジャマ・エル・フナ広場やショッピングを楽しむスークから徒歩2分、どこに行くに

メイン棟のパティオは美しいモロッコゼリージュ
や彫刻に彩られ宮殿のよう

肌寒い日の朝食は
レストランでどうぞ

も便利な絶好のロケーションにある。夜遅くまでフナ広場を楽しんだ後も、人通りの多いスークの中を通ってすぐなので女性同士の旅でも安心。
目覚まし時計をセットすることもなく、小鳥のさえずりで起きる朝、広々とした部屋で身支度をすませたら楽園の中でお気に入りの場所へ。日差しが気持ちのいい日は屋上のオープンテラス、静かに過ごしたいときには緑がいっぱいの清々しいパティオへ。ゼリージュや装飾が美しいプライベートパティオもくつろげる。どこからともなくスタッフが現れモロカンブレックファーストのセッティングがはじまる。美しい装飾に囲まれながら、こんなにもゆとりのある朝時間を過ごせるのはリヤドならではの贅沢時間。他のゲストとは一度も顔を合わせることもなく、プライバシーを重視した快適な滞在が約束されている。

美しいアイアンワークと繊細な装飾のゼリージュが敷き詰められた美空間。こんなフォトジェニックな場所が館内のあちこちにある。敷地内でモロッコ建築が十分に堪能できる

CHAPTER 1 *Romantic Riad*

（左上）モロッコ建築が美しいパティオ
（左下）豪華なモロッコ建築を体感できる部屋のひとつLezard Suites（右）プライベートテラスのある部屋もある

Riad Palais des Princesses
リヤド　パレ・デ・プリンセス

フォトジェニックな邸宅でお姫様気分

少し路地を入ったところにあるが、道に迷うこともなくジャマエルフナ広場からは人通りの多い道をまっすぐ徒歩3分。ショッピングをするにも観光にもどこへ行くにも便利な立地。昔の邸宅を5年かけて修復し、数軒の邸宅を統合した全20室のチャーミングなリヤド。外観からは想像もできない白を基調としたメイン棟のパティオは、繊細なモロカンアイアンワークやペイントでデコレーションされたドアが素敵な空間を演出している。レストランやゲストルームのインテリアはロマンティックなヨーロッパ調。お姫様気分が味わえる天蓋付きベッドは女性

1_ 真っ白なメイン棟パティオでは色とりどりのバラが出迎えてくれる。お姫様気分を味わえるロマンティックな空間だ　2_ テラスにはエキゾチックなモスク型のオブジェ　3_ こんなステキなスペースがあちこちに

data
MAP p10-A
🏠 37/39 & 40 Rue Derb Jamal Rue Riad Zitoun El Kdim Medina Marrakech
☎ +212 524 37 5340
✉ contact@palaisdesprincesses.com
🌐 www.palaisdesprincesses.com

CHAPTER 1　*Romantic Riad*

に大人気なんだとか。いたるところに施されている美しい装飾の数々、まるでヨーロッパの宮殿のよう！どこを撮っても絵になるフォトジェニックなリヤドだ。他のリヤドに比べてもとてもリーズナブルに宿泊できるので、気軽にモロッコらしい雰囲気が楽しめる。

メイン棟のすぐ隣に位置する別棟（P40参照）のリヤド。こちらのテーマカラーはミルクティ、メイン棟とはまた違った少し落ち着いた雰囲気のパティオだ。部屋のドアは昔使われていたものを再利用しているため、鍵がきっちり閉まらないこともあり、貴重品などはセーフティー

（上）うっすら差し込む光とシャンデリアに癒される2階のリラックスコーナー（下）ライトアップされた夜も素敵な雰囲気

1_ ロマンティックなインテリアは女性に人気　2_ メインエントランスは王冠を目印に　3_ 異国の地でアザーンを聴きながら夕日を

CHAPTER 1　*Romantic Riad*

ボックスに入れておくことをオススメする。プリンセスではモロカンハマムやマッサージメニューが豊富に揃っているので、たっぷりとスパを受けて自分磨きをしたい女子旅にぴったり！リヤドには珍しくフィットネスルームも完備。わずか数日の滞在でもしっかりトレーニングしたい人はぜひトライしてみて。テラスからの眺めも素晴らしく、天気のいい日にここでいただく朝食は最高！遠くに雪の積もったアトラスの山々を見ることも。アザーンが聞こえてくる夕方、ここから眺める夕焼けは感動。

スークでのショッピングは楽しめた？

1_ テラスはクローズドタイプだが、太陽の光が気持ちいい　2_ 人気のBordeaux Roomの色使いはこのリヤドのテーマカラーにもなっている

data
MAP p10-B
- 1 Derb Mqqdem Artet Loughzail Medina Marrakech
- +212 524 38 3818
- riadlaora@gmail.com　www.riadlaoramarrakech.com

気になったインテリア雑貨はスークへ行って見つけよう！

オリエンタルテイストのインテリアで贅沢ステイ

フナ広場からショップが立ち並ぶ通りをバヒア宮殿の方へ徒歩12分ほど。メディナの静かな住宅地に位置する全7部屋のこぢんまりとしたリヤド。アットホームでスタッフとの距離も近いがプライベート感もあり、リーズナブルにモロカンスタイルを体験してみたい女性にオススメだ。ワインレッドを基調としたパティオやカラフルなファブリックのモロカンサロンなど、オリエンタルテイストでコーディネートされたインテリアが魅力。ボルドー・パープル、ターコイズなど部屋ごとにテーマカラーで統一されたインテリアが可愛い。置いてある雑貨やファブリックもインテリアの参考になるのでチェックしてみて。テラスはクローズタイプのため眺望はないがゆったりと過ごせる空間になっている。住宅地に位置しているリヤドなので、現地の人たちの生活も垣間みられてマラケシュを身近に体

1_ モロッカンサロンは赤を基調としたインテリア　2_ Turquoise Roomも人気の部屋　3_ バスルームは伝統素材タデラクトでできている

試験管みたいなアメニティボトルはマネしたいアイテム

験できるはず。ディナーも早めにリクエストすればOK。
リヤド ラオラに初めて足を踏み入れた時にかすかに漂っていたオレンジブロッサムの香り。パティオに植えられた大きな椰子の木とパッと目を引く鮮やかなパープルのモロッカンカーテン。エキゾチックな雰囲気に感動したのを今でもはっきりと覚えている。写真だけでは伝わらないのが残念だが、リヤドによって足を踏み入れた時の目に見えない空気感は全く異なる。細やかなサービスやケアが行き届いているホテルやリヤドとはちがい、ホスピタリティあふれるモロッコならではのおもてなしが体験できるのがこのタイプのコンパクトリヤド。知らない土地でのスタッフの笑顔には心から癒される。女性一人で大きなリヤドに泊まるのは気がひける、そんな時にも安心して滞在できるリヤドだ。

Riad Moullaoud
リヤド　ムラウド

data
MAP p10-C ⑤
🏠 33 Derb El Guessaba Lkebir, Le Moukef Medina Marrakech
☎ +212 524 37 5027
✉ riadmoullaoud@gmail.com　🌐 www.riadmoullaoud.com

まるでアラビアン
ナイトの世界

モロカンエキゾチックな邸宅で自分へのご褒美旅

スタイリッシュなモロカンスタイルのエキゾチックリヤド。フナ広場からは徒歩15分と少し離れているが、人気の観光スポットでもある写真博物館のすぐそばなのでベン・ユーセフ・マドラサやマラケシュ博物館などゆっくり美術鑑賞したい人には特にオススメ。すぐ近くにムッカフ広場があり、そこまではタクシーも入れるので荷物の多い時にも安心。リヤドは3棟に分かれていてそれぞれ違うテイストで楽しめる。景色のいい広々としたオープンテラスにはジャグジーもあり、そこから眺めるピンク色のマラケシュの街並みは感動モノ。ディナーは事前リクエストのみ受付、素敵な空間でモロッコ料理がいただける。本格ハマムも完備、スパメニューも充実しているので、エステやマッサージで普段頑張っている自分へのご褒美はいかが？　近隣へのエクスカーションも豊富に揃っている。エッサ

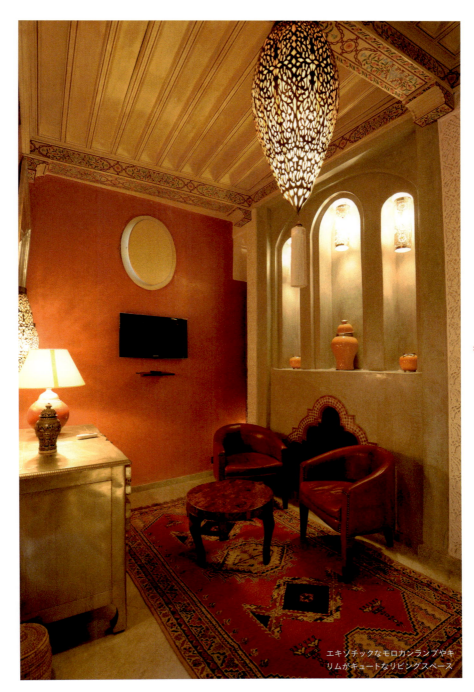

エキゾチックなモロカンランプやキリムがキュートなリビングスペース

CHAPTER 1 Romantic Riad

1_ 素敵な雰囲気のパティオではディナーをいただくこともできる。レストランに行くよりも幸せに浸るひと時を過ごせる　2_ 他のリヤドに比べて、エントランスもわかりやすい

このリヤドはマラケシュが一望できるテラスからの眺望が素晴らしい！ここから見るサンセットは感動モノ

その日のオススメのランチはボードをチェック！

CHAPTER 1　Romantic Riad

ウィラやアイト・ベン・ハッドゥなどへの日帰り旅の相談をしてみるのもいい。
どこを切りとっても「エキゾチック」という言葉がしっくりくるリヤド ムラウド。2階建てのジュニアスイートは豪華絢爛なインテリアでハネムーンにもオススメ。1階部分はアンティーク品でデコレーションされたリビングスペースになっていて、部屋の壁はすべてモロッコの伝統素材「タデラクト」でできている。美しいモロカンランプがゴージャスなリビングには暖炉もあり、寒い日にはここでゆったりと過ごせる。半地下にはレース編みのような美しいモロッコの石膏彫刻に彩られたベッドルーム、階段を上って2階部分がバスタブ付きの広々バスルームになっている。部屋のドアを開けると、目の前には美しいパティオが広がり、プライベートパティオとしても使えるという贅沢な滞在ができる。

Riad Boussa
リヤド　ブッサ

赤でトータルコーディネートされたパティオはオシャレ。
リヤドの館内にふわっと香るアロマが気分を上げてくれる

ネーム入り帽子は
スークでも大人気！
お土産にいかが？

1_ モロッコアイアンワークの窓がインテリアのポイントに　2_ 人懐っこい猫たちがお出迎え。猫好きにはたまらないリヤド

data
MAP p10-B
🏠 192 Derb Jdid-Dabachi Medina Marrakech
☎ +212 524 38 0823
✉ riadboussa@yahoo.fr　🌐 www.riadboussa.com

フレンチシックな空間で大人女子の贅沢時間

おしゃれなフランス人オーナーブリジットさんのセンスが光るフレンチモロカンスタイルのリヤド。一人旅やモロッコ初心者には特にオススメのアットホームな雰囲気が魅力のコンパクトな空間が人気。自分の家に帰って来たかのようなホッとする安心感があり、宿泊客も日本人が多く情報交換できるのも◎。フナ広場からは徒歩5分。人通りの多いスークを歩いて少し路地を入ったところに位置する。

壁に目印の表示が見えてきたらあともうすこし！スタッフのアリ君が最高の笑顔で出迎えてくれる。彼を筆頭にスタッフは全員フレンドリーで優しく頼れる存在。ブリジットさんもモロッコにいるときは1階に暮らしているので、滞在中はオススメレストランやハマムの予約、観光ルートまで何でも相談できるのもありがたい。わからないことやなにか困った時はいつでも相談してみて。数カ月待ちの人気の

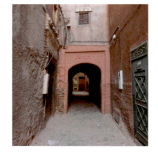

1_ Tamer Roomはリヤドには珍しい
ツインベッド。友達二人での旅にもぴっ
たり　2_ 朝食はテラスのソファで

路地で迷いそうになったら
壁の表示を見つけてみて

リヤドなので予約はお早めに。
ビビッドカラーでコーディネートされた部屋はコンパクトだがとても過ごしやすい。モロッコニッチ（棚）や窓際のちょっとしたディスプレイは日本に帰ってもマネしたくなる。バスタブ付きの部屋は特に日本人に人気があるので早めにコンタクトを。リヤドには珍しく可愛いインテリアのツインルームもある。アメニティも香りの良いモロカンブランドがシリーズで揃っていたり、ランドリーは朝お願いすれば夕方には出来上がってくるという女性ならではの細やかなサービスが嬉しい。特に、ショッピングに関してはハイセンスなブリジットさんがお忍びで通うスポットやブティック情報も聞けるかも。リヤドで使われているアメニティやファブリック、雑貨などリヤドオーナーしか知らないオススメのショップ情報を教えてもらおう。

リヤドで食事　COLUMN 1

Eat at a Riad

リヤドでは宿泊だけでなく食事を楽しめるところも多い。ランチやディナーでお抱えシェフの腕をふるったモロッコ家庭料理が楽しめる。モロッコ料理以外にもイタリアン・フレンチ・タイ料理などリヤドごとにメニューもさまざまだ。ベジタリアンメニューなど特別メニューをリクエストできるのもリヤドならでは。イスラム圏のモロッコでは外のレストランではアルコールが飲めるところはあまり多くないが、リヤドのレストランやバーならほとんどのところでアルコールを楽しめる。ライトアップされたパティオでのゴージャスな雰囲気の中でいただくディナーは特にオススメ。本格的なレストランとして営業をしてるところも多く、ランチやディナーの時だけ宿泊客以外のゲストを迎えている。人気のリヤドでは宿泊の予約はなかなか取れなくてもレストランだけなら比較的利用しやすい。リヤドの雰囲気も楽しめて、部屋やテラスなど見学できるところもある。アラビアンナイトの世界で美しいテーブルセッティングとアラブミュージックを楽しんでみて。

CHAPTER
2

Glamorous Riad

豪華絢爛イスラム装飾が美しい
ゴージャスでエキゾチックな雰囲気
グラマラスリヤド

1 _ モロッコアーチを抜けると楽園が広がっている
2 _ ゴージャスな内装のモロカンサロンではゲストが思い思いに過ごす

data
MAP p10-C 7
Derb El Ouali 9, Kaat Benahid Medina Marrakech
+212 669 28 3492
contact@riadcamilia.com　www.riadcamilia.com

オリエンタルな雰囲気漂う宮殿で極上STAY

マラケシュ博物館や写真博物館の近くだが、少し入り組んだ路地を入るので宿泊の際は迎えを頼む方が良い。フナ広場からは徒歩12分ほど。途中地元の人で賑わうローカルマーケットを通り、活気あるマラケシュを感じることができる。個人で訪れる場合、近くに似たような名前のリヤドがあるので間違えないように気をつけて。総支配人のニコラさんのゲストを迎える姿勢がとても好感が持てて居心地がいいリヤドだ。オリエンタルテイストのインテリアが人気の全6室のうち、4室はバスタブ付きスイート。プライベートの箱庭がある部屋は、テラスまで自由に行き来できるようになっていてオススメ。バスルームはモロッコの伝統的なタデラクトを使用したエキゾチックな造りで、暖房もついているので寒い冬でもゆったりとくつろげるのがありがたい。

リヤド カミリアは全体的にどこか懐か

1_ エキゾチックなモロカンインテリアで豪華な滞在を　2_ 清潔感あふれるサンドベージュカラーの部屋

1_アンティーク家具が飾られたシックなインテリアもある。部屋ごとにテイストが違うので予約の際はお気に入りの部屋をリクエストしよう　2_エキゾチックなスペースはモロッコならでは　3_スーツケースを広げてもまだまだ余裕のある広々したスイート

しさを感じるオリエンタルテイストのインテリアが多く、地上階に位置するRoom1はプライベートテラス付きでインテリアもゴージャス、ちょっとリッチに滞在したい時に。ホワイトを基調とした清潔感あふれるRoom5はプライベートの箱庭付き。他のゲストと顔をあわせることなくプライベート感が楽しめるのでハネムーンに人気の部屋だ。広々としたスイートは3部屋+バスルームが2つという豪華な構成になっていて、ファミリーやグループ旅行の際にはスイート貸切で思う存分リヤドステイを楽しもう。

600㎡ある広大なテラスにはプールやデッキチェアも完備、ゆったりとした時間が過ごせる空間になっている。朝食やティータイムもこの場所で。街にでるのを忘れてこのテラスだけで1日過ごしてしまいそうだ。ここから眺めるアトラスとマラケシュの景色は絶景！天気のい

清潔感あふれるリヤドの館内は宮殿そのもの

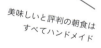

美味しいと評判の朝食は
すべてハンドメイド

い日はそんな絶景を見ながらランチやディナーもとることができる。ディナーは予約をすれば調理見学も一緒にできる、無料でモロッコ料理教室を受けられるという嬉しい特典付き。希望があればモロカンスィーツなどのレッスンもアレンジ可能なのでぜひ体験してみて。ヨガクラスやプライベートパーティーなどアクティビティも豊富に用意されている。

1 _ 自慢の広大なテラスが最高に気持ちいい！
2 _ 夜のリヤドの雰囲気は格別で、豊かな気分になる　3 _ プールもあるので1日ゆっくりリヤドで過ごしたくなる

Dar Grawa
ダール グラワ

美術館のようなモロカンラグジュアリー邸宅

2016年オープンしたばかりの全6室の新しいリヤド。フナ広場からは人通りの多い道をほぼまっすぐ歩いて10分ほどで着く。リヤドの目の前まで車でアクセスできるのはありがたい。女性一人で荷物が多くても、夜遅くなっても安心だ。ドアを開けるとパティオを彩る美しいモロッコゼリージュと彫刻のラグジュアリー空間が広がっている。リヤドにいながら伝統的なモロカンアートが楽しめる。全6室の内スイートが2部屋、ペールトーンでコーディネートされた清潔感あふれるインテリアが大人気。カップルでも女性一人旅でもモロッコ建築を堪能できる

1_ドアを開けると一面に美しいモロッコゼリージュと石膏彫刻！あまりの美しさにため息しか出ない 2_ 美しいモロカンアーチと職人技が光るゼリージュのコラボ

data
MAP p10-B
Douar Grawa 60 Medina Marrakech
+212 524 37 5246
riaddargrawa@gmail.com
www.dargrawa.com

CHAPTER 2 *Glamorous Riad*

大満足のリヤドだ。広々としたバスタブ付きの部屋は、お湯をためていても途中で水になることもなく、たっぷりのお湯で旅の疲れを取ることができる。テラスレストランではモロッコ料理はもちろんのこと、なんと日本食のお寿司をいただくことができる。モロッコ料理に飽きてきても、アフリカで懐かしい日本の味が楽しめるのは嬉しい。日本人には安心感のあるリヤドだ。

名前にRiad（リヤド）ではなくDar（ダール）がつかわれているこのタイプは、リヤドよりもひとまわり小さい邸宅を意味する。もともとDar（ダール）とは「家」と

（上）2階部分はまるで宮殿のよう！！
（下）清潔感あふれるスイートは広くて快適空間

1_ バスタブ付きの部屋は人気なので早めに予約を　2_ ため息が出るほど美しすぎる回廊

ロマンティックなテラスは夜の雰囲気が最高！

わかりやすいリヤドの入り口。迷路のような路地で迷うこともなく車で目の前まで行けるのはありがたい

いう意味もあり、アットホームなリヤドといったところだろうか。パティオ部分も大きな木が植えられた中庭というよりかは、天井までオープンな吹き抜けという感じがしっくりくるかもしれない。サービスが行き届いた空間は、一人旅でも気兼ねなく過ごせる温かさがある。
フォトジェニックなダール グラワは床・壁・天井にまで豪華なモロカンゼリージュと石膏彫刻の美しい装飾が施されていて

写真好きな女子にもオススメ。部屋も広くシンプルかつゴージャスで過ごしやすい。モロッコのリヤドの特徴で窓が小さい部屋もあるが、部屋自体が広く明るいので特に気にならない。もし、明るい眺望を望む場合は事前にリクエストすることをオススメする。

Riad Monceau
リヤド　モンソー

ロマンティックな夜の雰囲気が抜群のリヤドのパティオ。素敵なプールサイドではディナーがいただける

1_ モロッコゼリージュをデザインした美しい刺繍アートはオーナーの作品　2_ 2階から見たパティオもまた素晴らしい

ようこそ
リヤド モンソーへ

data
MAP p10-A　9
Derb Jamaa 63, Riad Zitoun Lakdim Medina Marrakech
+212 524 42 9646
courrier@riad-monceau.com　www.riad-monceau.com

ホスピタリティあふれる大人空間で自分磨きの旅

フナ広場から人通りの多い道を徒歩3分という絶好のロケーション。夜遅くまでフナ広場で過ごしても、迷路のような路地でも迷うことなくすぐに戻れる安心感は大きい。ドアを開けると、その静かで美しすぎる空間にはため息しかでない。豪華絢爛なイスラム建築とラグジュアリーなパティオはまさに宮殿そのもの。落ち着いた上質な滞在が約束されたマラケシュで人気の高級リヤドの一つだ。アーティストでもあるフランス人オーナーのイザベルさんが製作したモロッコゼリージュ柄をキャンバス地に刺繍したオリジナル作品は圧巻！ リヤド内のいたるところに展示されているのでぜひチェックしてみて。レストランも有名で、モロカンランプで彩られた夜のロマンティックな雰囲気は格別。宿泊客以外のゲストで満席になるほどの人気ぶり、ドレスアップして出かけたくなる素敵なリヤドだ。

1_ 宿泊客以外にも人気のレストランは常に満席なので予約してから行こう　2_ 美しいモロカンゼリージュの刺繍アートは必見！

小さな路地を入ったらリヤドの旗を目指そう！

　大理石でできたモロカンハマムやマッサージルームも完備。本格的なモロッコ料理教室やワークショップも人気で、いつも料理好きな女性で賑わっている。午後に開催されるモロカンスィーツとミントティのクラスが特にオススメ。美味しいミントティの淹れ方もここで覚えて帰れるので、日本に帰国してからもモロッコの懐かしい味を再現できる。リヤドで滞在してのんびりしてみたいし、エステやハマムも体験したい、それにモロッコ料理も習ってみたい、なんて女子にはピッタリ！リヤドステイが存分に楽しめる、大人のモロッコ旅にオススメのリヤド。テラスからの眺めも素晴らしく、豪華なジャグジー完備でリラックスしたひとときを過ごせる。ここでいただく朝食も楽しみの一つ。どんなシーンでもゲストへの愛のこもったおもてなしが感じられ、心に残る優雅な滞在が約束されている。

1_いたるところにオーナーの刺繍アートが展示されているのでチェックしてみて　2_ジュニアスイートのPersian Roomは美しい刺繍アートとプライベートジャグジーが人気の部屋　3 パティオにある美しいモロカンゼリージュの水くみ場

豪華な暖炉の前ではアペリティフタイムを楽しんで

1_モロッコの伝統的な雰囲気が漂うゴージャスなパティオは圧巻！
2_モロカン風バスタブでくつろぎ時間を

data
MAP p10-C
Derb Belbekkar Zaouit Lhardar 12 A17 Medina Marrakesh
+212 661 46 9443
resa.espritdumaroc@gmail.com　www.espritdumaroc.com

18世紀の豪華な宮殿でモロカンスパ天国

リヤドまでの道のりは、フナ広場からはスークの中を徒歩15分ほど。途中細い路地に入ってから少し歩くため初めて訪れる際は必ず迎えを頼もう。マラケシュ博物館や写真博物館の近くなので美術館巡りにはとても便利な場所にあるが、夜の一人歩きはあまりオススメできない。フランス人オーナーシルヴィーさんがオープンさせた全11室の豪華絢爛なエキゾチックリヤド。全ての部屋に豪華なバスタブを完備。フレンチモロカンテイストのリヤドが増えている中、これぞモロッコ！という正統派スタイルだ。はりめぐされたモザイクタイルや木工芸、モロッコならではの装飾がふんだんに取り込まれたパティオは、とにかく広大！壮大！！トラディショナルな荘厳さが感じられる圧倒的な美しさのパティオは必見。マラケシュを訪れるならこういう正統派リヤドにも一度は泊まってみてほしい。

1_ 2階から眺めるパティオはモロカンゼリージュが美しい　2_ モロカンインテリアが魅力のテラスで豪華な朝食を　3_ ランチやディナーは早めにリクエストしよう

テラスではタジンを召し上がれ
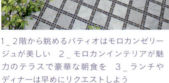

併設のエレガントなレストランでは結婚式やパーティーも行われる。リヤドには珍しいフィットネスセンターも完備、旅先でのトレーニングも可能だ。宇宙空間をイメージしたエキゾチックなモロカンハマムはぜひ体験してみて。女性に人気のアロマの香り漂うスチームサウナや人気のデトックスメニューで心も体もトータルでクリアに。ベリーダンスレッスン（400DH）やクッキングクラス（500DH）などアクティビティも豊富に揃っている。このリヤドでの滞在中は、外を歩き回らないでゆったりとしたリヤドステイを味わうのもいいかもしれない。豪華なパティオは全部で3つ、モロッコ建築やイスラムアートに心も満たされる。

1_ 景色が最高のテラスは何時間いても飽きない　2_ モロカンランプや壁面アートもモロッコの伝統的な技法が使われていてまるで美術館！

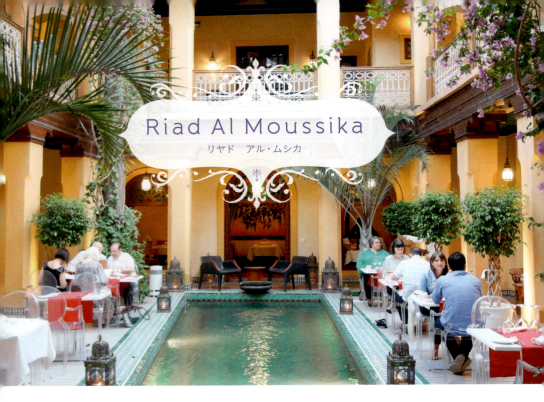

Riad Al Moussika
リヤド　アル・ムシカ

data
MAP p10-B 11
Derb Boutouil 62, Kennaria Medina Marrakech
+212 524 38 9067
contact@riyad-al-moussika.com　www.riyad-al-moussika.com

外から戻ると搾りたて
オレンジジュースのサーブ

美食も楽しめるエキゾチックな大人の楽園

フナ広場からはバヒア宮殿の方向に徒歩10分ほど。ショップやカフェの多い賑やかな道を歩いていくので迷うことなくたどり着ける。グラウィ家の豪邸だった場所をイタリア人オーナーがエレガントなリヤドに改装しオープン。カラフルなモザイクタイルが美しいパティオはイスラム世界の楽園のよう！スタッフも宿泊客も比較的年齢層が高めなので静かに落ち着いた滞在ができる。オーナーの温かなおもてなしが人気で、ゲスト同士の歓談も楽しめる居心地の良さはこのリヤドならでは。珍しいシングルルームが用意されているので、一人旅でも高級リヤドに泊まってみたい、そんな人はぜひ訪れてみて。モロカンハマムも併設されていてカップルで受けることができる。大人のハネムーンにオススメの落ち着いた滞在ができるリヤドだ。

ドアを開けた瞬間、ガラッと変わる空気

エントランスを入ると大きなプールと色とりどりの花が出迎えてくれる

(上)スイートルームは天蓋付きのベッドでお姫様気分を (下)2階からパティオを見下ろすと一面に美しいゼリージュ

1_ ラウンジではお酒を飲みながらくつろげる　2_ モロッコ風の調度品が可愛いバスルーム

テラスはオープンタイプでマラケシュが一望できる

路地の突き当たりにある
このドアを開けて

感。写真ではなかなか伝わらないのが残念だが、ここアル・ムシカのそれは言葉では表せない素敵なものがある。周りの環境も安心して滞在できる雰囲気だ。スタッフもオーナーもとても親切で、そのおもてなしとサービスの高さが人気の理由なのだろう。併設されているレストランペペネロもマラケシュの中で常に上位にランクインするほど大人気で、プールだったところを改装し現在はロマンティックなプールサイドでモロカン料理とイタリアンが楽しめるようになった。ランチも美味しくてオススメだが、ライトアップされた夜の雰囲気は格別！ 夕方になると、続々とドレスアップした紳士淑女が食事を楽しみに集まってくる。宿泊していなくてもぜひレストランだけでも訪れてほしい。大人のためのエキゾチックな隠れ家で美食を楽しんでみて。

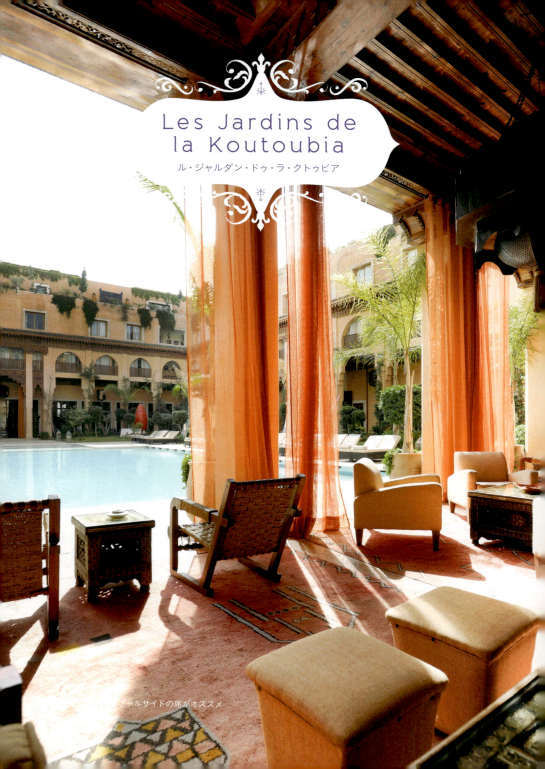

Les Jardins de la Koutoubia
ル・ジャルダン・ドゥ・ラ・クトゥビア

プールサイドの席がオススメ

夜のモロカンランプは魅惑の雰囲気

1＿暑い日はプールで過ごすのもいい　2＿サロンラウンジには暖炉もある。寒い夜でもゆっくりと過ごすことができる

data
MAP p10-E

Rue de la Koutoubia26 Medina Marrakech
+212 524 38 8800
commercial@jardinskoutoubia.com
www.lesjardinsdelakoutoubia

魅惑の宮殿でドラマティックなサンセットを

フナ広場から徒歩1分と、どこに行くにも便利な立地。夜遅くまで盛り上がるフナ広場で思う存分遊んでも帰りは安心だ。リヤドというより大型ホテルに近い雰囲気だが、内装はやはりモロッコを代表するリヤドだけあって素晴らしい。クラシカルなロビーは広々としていて、パティオには大きなプールも完備。地下にはCaritaのスパ施設、マラケシュの中心にありながらアルコールが飲めるピアノバー・モロッコ料理・フレンチ・インディアンレストランなどが揃う。屋上テラスにもプールがあり、ここからはクトゥビアモスクを間近に見ることができる。テラスから見る夕日と流れるアザーンはモロッコを旅した思い出としてきっと心に刻まれるはず。宿泊していなくても夕方のティータイムやレストラン利用でぜひ訪れてみて。

部屋は30部屋のミニスイート・22部屋

1_ 屋上レストランではクトゥビアを眺めながらタイ料理をいただける
2_ イスラム装飾が美しい水汲み場

蛇口にまで細かな装飾が施されている

のジュニアスイート・2部屋のロイヤルスイートを含め、全108室の大型リヤド。どの部屋も広々とした客室に大きな窓が気持ちいい、バスタブ付きで掃除が行き届き開放感がある。大型リヤドだけあって一人旅でもファミリーでも気兼ねなく過ごせる心地よさに、長く滞在したくなるリヤドだ。マラケシュのど真ん中にあるフナ広場ではたくさんのレストランが並ぶが、アルコールを飲めるレストランは数軒のみ。フナ広場から徒歩1分でこのゴージャスな雰囲気抜群の空間でアルコールや食事が楽しめるとあって、レストランやバーはいつも観光客で賑わっている。モロッコ料理に飽きてきてもタイ料理やインド料理が味わえるのもありがたい。レストランやバーの雰囲気も抜群なので、ぜひトライしてみて。

1_ スイートは広く使いやすい造り。バスタブ付きなのは嬉しい。モロッコではめずらしくお湯もたっぷり出る　2_ ゴージャス内装のパティオはライトアップされた夜が綺麗　3_ ロビーはシックな赤でまとめられたインテリア

リヤドでハマム体験　COLUMN 2

Hamam at a Riad

リヤドの中には本格的なハマムを完備しているところが多い。スッピンに手ぶらで気軽に行けるリヤド内のハマムはありがたい。歩きつかれた日にはハマムとモロカンマッサージで自分へのご褒美はいかが？リヤドのハマムといっても内装もおしゃれでゴージャス！エキゾチックなアラビア風デザインからプラネタリウムをイメージした星空の中で受けられるハマムなどそれぞれに趣向を凝らしていてお姫様気分を味わえる。適度な温度のモロッコ式スチームサウナに入ってたっぷり汗を流したら、サボンノワールを全身に塗り、あかすりスタート。ハマムレディーが頭のてっぺんからつま先まで丁寧に洗ってくれる。自分で洗った方が早かったりもするのだけれどそこはモロッコ流にトライしよう。ラストは天然ミネラルを豊富に含んだモロッコ産のクレイ「ガスール」で全身泥パック。すべて流し終わった後のツルツルのお肌にはきっと驚くはず。仕上げはマッサージルームに移動して、贅沢にもアルガンオイルをたっぷりと使ったマッサージで至福のひとときを。

CHAPTER
3

Stylish Riad

オーナーのセンスが光る
凛とした魅力と洗練されたエスプリを感じる
スタイリッシュリヤド

Riad Idra
リヤド イドラ

心に残るホスピタリティでリラックスした滞在を

観光のメイン、フナ広場からはスークの中を徒歩15分ほど。小さな路地に入ることもなくショップやカフェの立ち並ぶメイン通りをまっすぐ歩く。一度だけ角を曲がるが、目印さえ覚えておけば迷うことなく比較的簡単にたどり着ける。警備の厳しいダール・エル・バシャから徒歩2分という場所柄、スークの中にありながらも非常に静かな環境で女性同士の旅でも一人旅でも安心した滞在が楽しめる。ダール・エル・バシャの前まではタクシーで行くことも可能。スーツケースなど大きな荷物が多くても安心。ギリーズ（新市街）や地方に行く場合でもタク

1_ エントランスを抜けると爽やかなグリーンを基調としたパティオが広がる　2_ こんな素敵なモロカンソファで過ごす午後はミントティとともに

data
MAP p10-D
Derb Tizougarine 105 Dar El Bacha Medina Marrakech
+212 524 39 1777
contact@riadidra.com
www.riad-idra-marrakech.com

CHAPTER 3　*Stylish Riad*

シー乗り場があるので便利。歩き疲れたらリヤドに戻ってひと休みもでき、街歩きやショッピングするには絶好のロケーションにある。ドアを一歩入れば、隅々まで掃除が行き届いた清潔な空間が心地よい。開放感あふれる白亜の宮殿には美しい花や木が植えられ、広々としたパティオで優雅な時間が楽しめるはず。イタリア人マネージャーのカリーナとフレンドリーなスタッフがいつでも最高の笑顔で出迎えてくれるのも嬉しい。リヤドに戻るとわが家に帰ってきたような安心感と快適で落ち着いた大人の滞在ができる。ここに泊まったらまたいつか必ず戻って

1_モロカンスィーツはミントティと一緒に
2_人気の部屋。月がシンボルのKamar Room

モロッコの伝統的な
ゼリージュや
石膏彫刻が美しい柱

きたくなる、そんな愛にあふれるオススメのリヤドだ。カリーナを中心にスタッフ全員のホスピタリティあふれる接客が素晴らしく、ゲストへの「おもてなしの心」が伝わってくる。客室は全7室、それぞれにテーマカラーがあり、広々としたバスタブ付きの部屋は人気のため、事前に予約しておこう。手作りの豪華なモロカンブレックファーストはここに滞在する最大のお楽しみ。朝からタジン鍋でサーブされるベルベルオムレツや自家製ヨーグルトの美味しいこと！これだけでも食べに行きたくなる。毎朝日替わりでメニューが変わるのも嬉しい。ディナーも事前予約OK。ハマムも完備され、星空をイメージしたマッサージルームは日頃の疲れを癒してくれるはず。異国の地であたたかいおもてなしに癒されてみて。

1_ 朝食はパティオかこちらのダイニングで。ディナーのリクエストも可　2_ モロカンアーチが美しいパティオ　3_ ゲストが楽しめるアートがあちこちに

私が最高の笑顔でお迎えします！

87

Le Riad Berbere
リヤド　ベルベル

フレンチモロカンのオシャレな邸宅で女子力アップ

写真美術館やマラケシュ博物館から徒歩2分、少し奥まった路地を入ったところに位置する。フナ広場からは15分ほどスークの中を歩く。初めて訪れる際には少し迷うので近くの広場まで迎えを頼もう。フランス人オーナーのイングリッドさんが手がけるセンスのいいエレガントな雰囲気のリヤドだ。ドアを開けた瞬間、オーガニックアロマのいい香りが漂う。そこに広がる別世界は女性なら誰もがきっと心ときめくエキゾチックな空間になっている。真っ赤なモロカンキリム、アラビアンナイトをイメージさせるモロカンランプ、イスラム風アイアンワーク

1_ 赤をベースにしたフレンチシックなモロカンスタイルのサロンインテリア　2_ パティオではいつも可愛い猫がお昼寝中

CHAPTER 3　*Stylish Riad*

data
MAP p10-C
Derb sidi Ahmed Ben Nasser 23 Kaar Benahid Medina Marrakech
+212 6512 84 473
info@riadberbere.com
www.leriadberbere.com

で彩られた魅惑のモロカンサロンはこのリヤドならではの最高の居心地の良さ。静かで清潔感あふれるパティオにはシンボルツリーのバナナやオレンジの木が植えられ清々しい空気が流れている。いつもお昼寝中の可愛い看板猫も人気。スタッフの女性たちも皆フレンドリーで安心した滞在ができる。友達同士の女子旅や一人旅にもオススメのリヤドだ。

17世紀の邸宅をベルギー人建築家がリノベーションしたリヤド内部は、モロッコらしさを残しつつも洗練された爽やかなインテリアでまとめられている。客室は全5室。日当たり抜群の明るい部屋は、

1_ 日当たりのいいプライベートテラスからはパティオが見下ろせる　2_ ナチュラルテイストのモロカンスツールが人気

人気のスパルームでは
ネクタロムを使った施術を

ホワイトやベージュを基調としたシンプルモダンなインテリア。各部屋とも天井が高く、広さを十分にとっているためゆったりしたと開放感があるのも嬉しい。一部の部屋にはパティオを見下ろせる専用テラスが付いていて、そこで朝食を取ったり、夕方にはミントティを、夜にはワインをいただいたりと贅沢な時間が過ごせる。あまりにも居心地がいいので外に出るのが億劫になるほど、のんびりと優雅な時間を過ごしたくなるリヤドだ。

リヤド ベルベルでは宿泊だけでなく、モロカンプロダクツのネクタロムを使ったスパも大人気。マッサージやネイル＆ヘアなどのビューティーメニューも充実している。それもそのはず、イングリッドさんはリヤドオーナーでもあり美容家。リクエストがあればヘアカットやスタイリングも可能。ディナーに出かける時など試してみて。エステや食事を楽しんだ

CHAPTER 3　Stylish Riad

91

1_ 朝食も素敵なパティオで　2_バスルームは豪華絢爛なモロカンスタイル　3_プライベートテラス付きの部屋が大人気

シンボルツリーの
バナナの木

り、近くの美術館巡りをしてじっくり自分の時間を楽しむ大人女子にオススメのリヤドだ。スタッフも全員女性なので困ったことは何でも相談できる。女性一人旅でも安心した滞在が可能。洗練された雰囲気、素敵なテーブルセッティングのディナーも人気だ。

(上)景色のいいテラスでのディナーは人気だ (下)ロマンティックな雰囲気のディナー

Riad Al Massala
リヤド　アル・マサラ

全6室はすべてテーマカラーが違う。こちらは赤をテーマカラーにしたCarmin Room

一つひとつが
可愛すぎる

1_ バイオレットのカーテンから差し込む光が綺麗な
Violine Room　2_ 部屋に置かれた家具はどれも素敵

data
MAP p10-A
Derb Djedid 26 Bab Doukkala Medina Marrakech
+212 5243 83 206
info@riadalmassarah.com　www.riadalmassarah.com

清潔感あふれる静寂のパラダイス

地元の人で賑わうドゥカラ門から徒歩5分ほど。この辺り特有の地元の市場やカフェを行き交う活気とアーケードから差し込む光の中を歩くのは、マラケシュならではの雰囲気が楽しめる。フナ広場から歩く場合はスークの中を約20分。2003年に初めてモロッコを訪れ、その魅力にはまったイギリス人のマイケルさんとフランス人のミッシェルさんが2006年にオープンさせたリヤドだ。優しい雰囲気の二人がゲストを出迎えてくれる。オーナー自らゲストとの会話を楽しむお人柄や気配り、おもてなしが随所に現れていてアットホームな安心感を与えてくれる。清潔感あふれる部屋やパティオはモダンとトラディショナルが融合されたエキゾチックな雰囲気。全てにおいて手入れが行き届いている。リヤド名にもなっている「Massala」はクラシック・アラビックで「幸福」を意味する

（上）部屋には暖炉も完備されていて、寒い日でも安心して過ごせる　（下）Ambre Roomは女性人気の部屋

1_ 目覚ましを気にせず窓から差し込む光で目覚めるのもいい　2_ ゲストがホッとできる空間があちこちに　3_ どの部屋も洗練されたインテリア

そう。ここでの滞在はまさにそんな気分になるだろう。

テーマカラーに分けられた客室は全6室。どの部屋もリヤドの2階にあるので明るく日差しがたっぷりと入って気持ちがいい。部屋へと続く2階の通路部分には「いつでもゲストがくつろげるように」とソファやテーブルがセッテイングされている。風通しのいいソファ席ではミントティを飲んだり読書をしたり、ゲストは思い思いの時間を過ごす。どこかゆったりとした時間の流れるリヤドだ。「深呼吸が必要な人のための部屋」とオーナー自ら表現するSaffron Roomはテラス階に位置し、好きな時に他のゲストに会うことなくそっとテラスに行き来できるため、プライベートを重視する日本人にはぴったりとのこと。扉を開けるとすぐテラスになっていていつでも深呼吸ができる。プライバシーを守りながら開放感あ

1_ ジャグジー付きのパティオではくつろぎ時間を　2_ 真っ白な宮殿は光がたっぷりと入って気持ちいい！

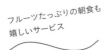

フルーツたっぷりの朝食も嬉しいサービス

ふれる滞在をしたい人はぜひこちらに。部屋にはバスタブ付きとシャワーのみの部屋とに分かれているので事前に確認しよう。緑いっぱいのパティオは爽やかなインテリアでまとめられている。時間を忘れて過ごしてしまいそうな心地よさだ。ほとんどのリヤドではキッチンは奥まったところにあるなかで、ゲストの目に触れやすい形でキッチンが配置されているオープンキッチンなのも面白い。ランチやディナーもリクエストでき、モロッコフュージョン料理がいただける。ベジタリアンコースと肉魚コースから選べる。夜の雰囲気は格別なので、ぜひ滞在中はディナーを試してみて。グループ利用の際はプライベートパーティーなどのアレンジもできる。郊外への日帰り旅行などの相談にも乗ってくれるので一人でも安心して滞在が楽しめる。

1 _ 食事が楽しめるダイニングスペース
2 _ 2階の部屋にはプライベートテラスがある
3 _ ライブラリーも完備

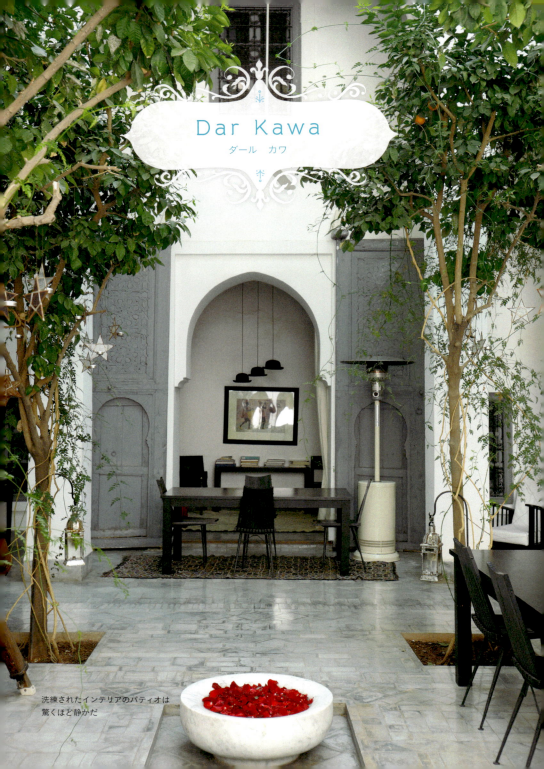

Dar Kawa
ダール　カワ

洗練されたインテリアのパティオは
驚くほど静かだ

1_ ベッドリネンはすべてオーナーのヴァレリーさんがデザインを手掛けるブランド　2_ モノトーンを基調としたインテリアが人気のスイート

data
MAP p10-C 16
Derb El Ouali 18 Medina Marrakech
+212 6613 44 333
info@darkawa.net　www.darkawa.net

部屋では
オリジナルバブーシュをどうぞ

BLACK&WHITEのエッジの効いたインテリア

写真博物館やマラケシュ博物館から路地を入った奥にある隠れ家的存在の優雅なリヤド。フナ広場からは徒歩15分ほど。インテリアデザイナーでもあるオーナーのヴァレリーさんが手がけるハイセンスなインテリアが人気の秘訣。世界中のインテリア雑誌にも度々取り上げられているオシャレなリヤドだ。パティオも部屋も全体的に白・グレー・黒といったモノトーンを基調とした落ち着いたシックなデザイン。リヤドで使われているベッドシーツやリネンファブリックはすべてオーナーがデザインしたハンドメイドのものを使っているというこだわり。いつくかのアート作品はインドから持ってきたものなのだそう。ドアを開けると外の賑わいは一瞬にしてかき消され、心地よい静寂とかすかなジャスミンの香りに癒される大人の空間。夜になるとキャンドルに火が灯されロマンティックな雰囲気の中、絶品

1_テラスは朝食をいただいたりと、自由に過ごせる極上空間　2_スィートルームは広々快適

1_ ちょっとした壁面もアートの数々　2_ テラスのサロンも面白いインテリアだ

リヤドのキッチンにはオレンジの木のツールがまるでアートのように

野菜たっぷりタジンはいかが？

ディナーがいただける。

ダール カワの客室は全4室。ラグジュアリーなブティックホテルといった雰囲気だろうか。プライベートレンタルもできるので家族で訪れる時やグループでの旅行の際はぜひ利用したい。宿泊はもちろんのことインテリアや料理にも定評がある。各部屋のエッジの効いたデザインの小物もチェックしてみよう。ベッドリネンやファブリックなどオーナーのショップで取り扱う雑貨なら購入することも可能だ。スークへ行かずともここでオシャレなモロカン雑貨が手に入るのも嬉しい。また、食事だけでも訪れることができるのでせっかくのマラケシュ滞在で一度はリヤドのディナーやランチの素敵な雰囲気を味わってほしい。オシャレなテーブルセッティングは感動すること間違いなし。優雅な滞在が楽しめる大人のリヤドとしてオススメの一つだ。

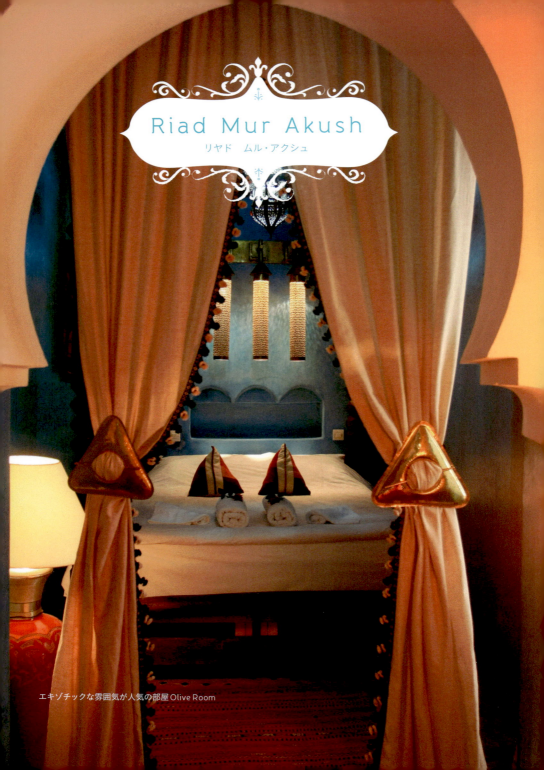

Riad Mur Akush
リヤド　ムル・アクシュ

エキゾチックな雰囲気が人気の部屋 Olive Room

1_ ロマンティックな天蓋付きベッドは女性に人気　2_ アンティークな調度品もチェックしてみよう

data
MAP p10-D
🏠 derb Zaouia 2 Medina Marrakech
☎ +212 5243 76 381
✉ info@riadmurakush.com　🌐 www.riadmurakush.com

エキゾチックなモロカンスタイルを楽しむ

フナ広場からは徒歩10分ほど、地元の人で賑わうドゥカラ門からは徒歩5分のメイン通りに位置するので比較的わかりやすい。世界中を旅してきたギリシャ出身のオーナーが2004年にマラケシュを旅した際、この場の空気・エネルギー・文化・宿泊したリヤド全てに感動し「これこそ自分たちのするべきことだ」とインスピレーションを受けたそう。すぐに物件探しをスタートし2年の歳月をかけてようやく見つけたのは300年前の古い邸宅。一部の壁や彫刻部分などは残しつつも一年かけて全リノベーション。2007年にオープンしたリヤドはベルベル語の「神の土地」を意味する「Mur Akush」と名付けられた。このリヤドの最大の売りはオーナー自らがマラケシュを愛し、リヤドを愛し、旅を愛し、その経験を周りにシェアしているということ。ここでの接客を心から楽しんでいる。

1_ モロッコらしい雰囲気のパティオにはオールドキリムがポイントに　2_ ペールトーンのバスルームはAmel Room

ライトアップされた夜のリヤドはまた一段と雰囲気がある

客室は全6室。そのうち二つはスイートとして利用できるのでカップルやファミリーの宿泊にオススメ。環境対策としてリヤド内は禁煙＆全室シャワーのみでバスタブはない。ハマム設備はないが、徒歩5分のところに地元で人気のハマムがあり紹介してくれる（ハマム30ユーロ〜）。なかなかディープな滞在が楽しめる。食材にもこだわっていて、すべて地元で採れた野菜をメインに調理している。ディナーもリクエストOK、ベジタリアンミールにも対応可能だ。近郊へのエクスカーションも充実している。自身の旅で感動したマラケシュやリヤド滞在をたくさんのゲストに同じように「経験してほしい」「心からくつろいでほしい」というオーナーの心遣いが各所にあふれている。旅好きのオーナーから世界中の話を聞くのもこのリヤドに宿泊する楽しみの一つになりそうだ。

（上）マラケシュピンクの部屋はSalam Room （下左）日本から読みたかった本を持参して読書時間を作るのも楽しみ （下右）夜のエキゾチックな雰囲気も昼間とは違って良い

Riad Vannila Sma
リヤド　バニラ・スマ

data
MAP p10-B 18

Serb Did 166 Medina Marrakech
+212 5243 84 276
riadvanillasma@gmail.com　www.riadvanillasma.com/

エキゾチックな
デザインの
モロカンランプ

モダンエレガントな邸宅で過ごす大人の休日

フナ広場から徒歩6分。リヤド ブッサ（P50）からすぐに位置するご近所リヤド。滞在中はお話好きなフランス人マダムのオーナー、ネリーさんとの会話も楽しみの一つ。女性の一人旅でも安心して滞在できるコンパクトで家庭的なリヤドだ。落ち着きのあるモダンシックなインテリアは女性に人気。パティオや部屋に置かれたモロッコの伝統的な絨毯「ボシャルウィット」がインテリアのポイントに。

最近、ジャグジーも新設されバスルームもさらに使いやすくなったそうだ。モロカン料理以外にもパスタなどリクエスト可能な美味しいディナーもぜひ試してほしい。静かなパティオで美味しいワインと一緒にいただくディナーはホッと癒される。「モロッコのわが家」に帰ってくるような親しみやすい雰囲気がいい。見晴らしの良いテラスやパティオのサロンでいただく朝食も◎。リヤド初心者や女性

1_ モロカンサロンにもボシャルウィットがポイントに　2_ 朝食はパティオを眺めるサロンでいただく　3_ 小さなおもてなしが嬉しい

お土産に買って帰りたいミントティセット

一人旅にオススメのリヤド。
客室やパティオはスッキリ清潔にまとまっていて、まるでフランスのプチホテルに滞在しているかのような心地よさ。滞在客も日本人が多く、一人旅の女性は情報交換もできるし安心できる環境かもしれない。オーナーのネリーさんやスタッフのホスピタリティも素晴らしく、また必ず会いに行きたくなる、そんな居心地のいいリヤドだ。客室は全6室。バスタブ付きの部屋が用意されているのでホームページで事前にチェックしてみて。併設のモロカンハマムも新しくリニューアルされジャグジーもついて快適なスパタイムが楽しめる。ヨガリラクゼーションコースでは、ヨガで体の流れを整えた後ハマムでたっぷり発汗、その後全身つま先までマッサージを受けるという極上のデトックスができる。希望の場合は早めの予約を。

おいしいミントティは
いかが？

1_ キッチンの扉は古くから使われていたものを再利用。これがまたインテリアのスパイスになっている　2_ ミントティと一緒にハンドメイドのスィーツを

data
MAP p10-D 19
Derb Chentouf 2 Riad Laarousse Medina Marrakech
+212 5243 78 864
info@riaddue.net　www.riaddue.com

CHAPTER 3　Stylish Riad

迷宮の中のオアシスでとっておきの朝食を

フナ広場から徒歩10分。ショップやカフェが立ち並ぶメインスーク、メディナのど真ん中に位置する。最初は迷うかもしれないので迎えをお願いしよう。一度道を覚えてしまえば簡単だ。リヤド72（P124）と同じイタリア人オーナーのセンスが光るエレガントな人気リヤド。どの部屋もハイセンスなインテリアでゆったりとしたつくりでくつろげる。まさに迷宮の中のオアシス。ドアを一歩入れば鳥の声だけが聴こえる静かな空間が広がっている。この空気感は実際に足を踏み入れた人にしかなかなか伝わらないが、リヤド ドゥエの心地よさはぜひたくさんの人に体験してほしい。喧騒のスークの中にあるとは思えないほど静か。こぢんまりとした空間は窮屈さを感じさせず上質な滞在ができる。上品な中にも温かみのある日本人好みのサービスと、清潔感溢れる部屋はマラケシュのリヤドの中で

113

1_ シックなインテリアが人気のZANスイート　2_ 夜の雰囲気も素敵
3_ インテリアになっている真鍮のバスタブ

2階の廊下部分にはイスラム建築のマシュラビーヤがふんだんに使われている

このリヤドのディナーは絶品！ぜひお試しあれ！

看板は出ていないのでこの大きなドアが目印

居心地の良さNO.1！！
客室は全4室。広々とした部屋はゆったりと過ごせる。天井やドア、チェストなど昔の邸宅のものをそのまま保存しながらもスタイリッシュなインテリアはパーフェクトな空間だ。滞在中は美術館のように細部まで楽しめる。バスタブ付きの部屋はZANスイートとABDELスイートの2室。女性に嬉しいアルガンオイル配合の香りの良いアメニティーも◎。すぐに予約が埋まるので、旅程が決まれば早めのコンタクトをオススメする。リヤドドゥエの楽しみは宿泊だけではない、この素晴らしい空間の中でいただく食事のおいしいこと。朝食は日替わりの焼きたてパンやクロワッサンが絶品！ロマンティックなテーブルセッティングが楽しめる美味しいイタリアンディナーもオススメ。滞在中一度はここでの食事を楽しんでみて。

リヤドで料理教室　COLUMN 3

Cooking lesson at a Riad

　リヤドアクティビティーの中でも人気の高いクッキングクラス。観光だけでは物足りない、何か面白いことに挑戦してみたい、という方にはオススメ。クッキングクラスといっても、その日集まったメンバーでメニューを決め、シェフと一緒に地元の人が通う市場へ買い出しすることからスタートする。一人ではなかなか行くことのないローカルな市場へ出向くだけでも楽しめる。買い物の間も市場の人とのやりとりなど現地の人の生活を垣間見ることができるのもこのクラスの大きな魅力だ。新鮮な食材の買い出しの後は、スパイスをたくさん使ったモロッコ料理の作り方を一から習う。タジンやクスクスなども野菜の切り方や調理の仕方が日本とは全く違うのが面白い。皆で楽しくお喋りしながらのレッスンは、言葉に不安があっても美味しいものを前にすると不思議とコミュニケーションが取れるもの。できあがった料理はもちろんリヤドのテラスやパティオで素敵なテーブルセッティングとともに楽しめる。ぜひトライしてみて。

CHAPTER
4

Elegant Riad

古いものを愛する心
エコをコンセプトに大人の雰囲気漂う
エレガントリヤド

Riad Signature
リヤド　シグネチャ

オーナー自慢のソファ
＆オレンジの木

自分へのお土産に
モロカンランプは
いかが？

1_ シンプルなインテリアで落ち着けるパティオ　2_ モロカン装飾が美しいツインルームは友達同士にオススメ

data
MAP p10-B 20
Derb Cherkaoui 22 Douar Graoua Medina Marrakech
+212 524 38 7434
contact@riad-signature.com
www.riad-signature.com

CHAPTER 4　Elegant Riad

清潔感あふれる邸宅でモロカン雑貨に囲まれて

フナ広場からはショップやレストランが並ぶ人通りの多い道を徒歩5分。マラケシュ初心者でも迷わずたどりつける。すぐそばには車も入れるドワールグラワ広場があり、電車移動で荷物が多くても駅からタクシーで直行できるのも嬉しい。砂漠や南部へのショートトリップへもドワールグラワ広場からすぐに出発できる。そんな立地の良さもさることながら、このリヤドのオススメはフランス人オーナーのフランソワさんのホスピタリティあふれるおもてなし。日本に親戚がいることもあり日本びいきなところも嬉しい。とにかく色々と相談にのってくれるので女性の一人旅でも安心して滞在できる。ラウンジにはプロジェクターも完備。セミナーやプレス関連のイベントなどでも利用されることも多く、グループでの利用にはリヤド一棟レンタルもオススメ。ウェディングやバースデーパーティーなどに

119

1_ 美しい回廊はまるで白亜の宮殿！　2_ ベルベルインテリアの部屋は人気。天井のベルベルアートが可愛い　3_ 可愛いデザインのバスルーム

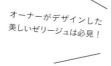

オーナーがデザインした美しいゼリージュは必見！

も対応可能。マラケシュで何かイベントをしてみたい時はオーナーに相談してみるといい。
2014年にオープンしたばかりのリヤドシグネチャ。素敵なインテリアの客室は全9室。ツインの部屋もいくつかあるので友達同士の滞在にも使いやすい。パティオや部屋は隅々まで清潔！広々としたジャグジープール付きのテラスは昼は明るく、夜はロマンティックに過ごせる。置いてあるファブリックやモロカン雑貨もセンスが良く可愛い。リヤドオーナーだけが買いつけるとっておきのショップ情報などもこっそり聞いてみて。ラウンジでモロッコワインやミントティをいただきながら、オーナーといろんな会話をするのも滞在中楽しみになるはず。ゴルフ好きの人には、様々なコースと提携しているので特にオススメ。

(上)夜はライトアップされたテラスがロマンティックな雰囲気 (下)モロカンサロンには暖炉もあるので寒い時期でもくつろげる

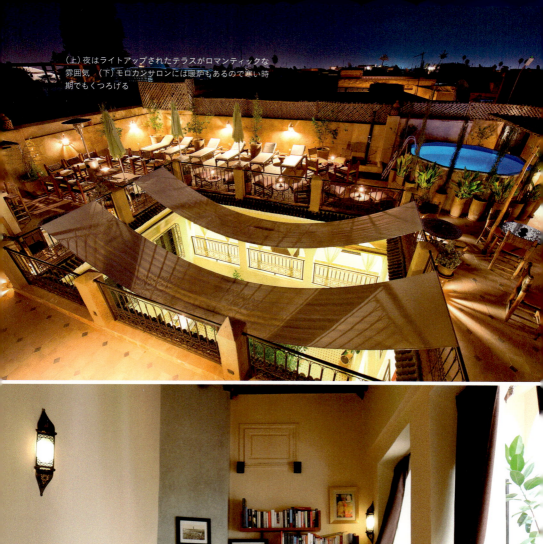

Dixneuf la Ksour
ディズヌフ・ラ・クスール

グリーンとベージュのコントラストが美しいパティオには大きなプールも完備

1_ 宮殿のモロカンベッドでお姫様気分に　2_ 晴れた日のテラスはゲストのくつろぎの場　3_ アフリカンテイストのサロンには調度品の数々が展示されている

data
MAP p10-E
🏠 Rue Sidi El Yamani Bab Ksour19 Medina Marrakesh
☎ +212 524 38 4132
✉ info@dixneuf-la-ksour.com　🌐 www.dixneuf-la-ksour.com

洗練された魅惑の宮殿で大人のリヤドステイ

フナ広場から徒歩5分。クスール門からもすぐという絶好のロケーション。フナ広場からは人通りも多い大きい道をほぼ直進で迷わずたどり着ける。リヤドの目の前まで車でアクセスできるのも便利だ。旧市街へもギリーズへもアクセス抜群。街歩きやショッピングに疲れたら、リヤドに戻ってひと休み、なんてこともできる。有名な「ラ・メゾン・デ・カフタン」へもすぐなので、記念にカスタムオーダーしてみるのもいい。プール付きのパティオは驚くほど静かで落ちつける。シックで伝統的な木工彫刻やモロカンデザインが施された館内には、アンティークの調度品が置かれ重厚感ある雰囲気が漂うアフリカンイメージが印象的なリヤド。全6室と部屋数は多くないが、バスタブ付きの部屋もある。予約の際は事前に確認しよう。クッキングクラスも予約をすれば可能。

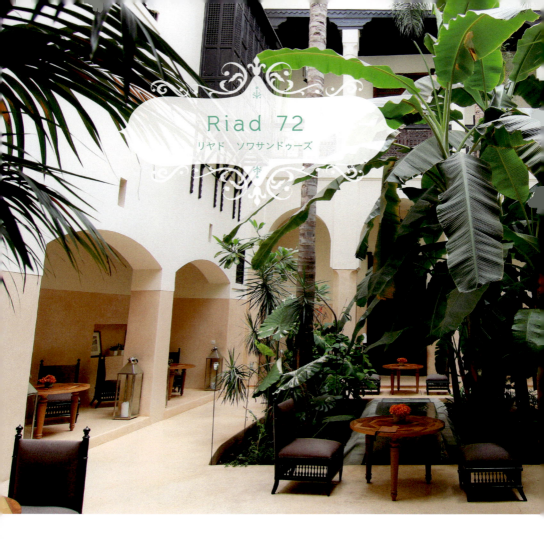

Riad 72
リヤド ソワサンドゥーズ

大人女子のための魅惑リヤドでエレガントな滞在を

メディナの西に位置しフナ広場からは20分と少し中心から離れているが、ダール・エル・バシャに近く警察官や警備員も多く安心できる地域だ。ダール・エル・バシャまでは車で行けるのでどこに行くにも便利。そこからリヤドまでの道中は、現地の様子が垣間見られるローカル市場を通り抜ける。地元の人たちで賑わう市場はなかなか面白い。リヤド ドゥエ（P112）のオーナでもあるイタリア人オーナーのステファニアさんが手がけるエレガントなリヤドだ。どちらもドアを一歩入ればなんとも言えない素敵な空気が漂う人気のリヤドだが、こちらのリヤドの

1_ミルクティカラーのエレガントなパティオは驚くほど居心地がいい 2_宮殿に宿泊しているかのような豪華なスイートルーム

モロカンサラダも
こんな素敵な器で♡

data
MAP p10-D 22
Arset Awzel 72 Bab Doukkala
Medina Marrakech
+212 524 38 7629
72@riadliving.com
www.riad72.com

CHAPTER 4　*Elegant Riad*

方が少し大人の雰囲気。宿泊客も年齢層が高めで落ち着いた滞在ができる。シンボルツリーのバナナの木があるパティオは、鳥の声とかすかに漂うオレンジブロッサムの香りで最高にリラックスできる空間だ。シェフのムスタファさんが作るディナーにも定評があり、食事だけを楽しみに訪れるゲストも多い。ライトアップされたエキゾチックな雰囲気の中、最高の演出で迎えてくれる。モロカンだけでなくイタリアンがいただけるのも嬉しい。テーブルセッティングもとても雰囲気があるのでぜひ試してみて。
客室は全7室。どの部屋も天井が高く開

1_ マラケシュが一望できる絶景テラス　2_ エレガントなライブラリーには貴重なモロッコの写真集がいっぱい　3_ 回廊部分にもくつろぎスペースがある

午後の暑い時間帯はリヤドでのんびりと

一つひとつがハイセンスな朝食はゆっくり時間をかけて

テラスで絶品ランチに
トライしてみて

放感のある広いつくりになっていてインテリアセンスが抜群！とにかく過ごしやすい極上の空間だ。バルコニーでは読書をしたり、パティオでミントティをいただいたり、ゆっくりとリヤドを満喫したくなる、そんな心地よい雰囲気が魅力。マラケシュが一望できるテラスも抜群にくつろげる。特に夕方のテラスは「マラケシュに来てよかった！」と感動すること間違いない。エキゾチックなモロカンハマムもあるので、街歩きで疲れた日にはハマムでトリートメントを受けるのもオススメ。リラックスした後はロマンティックなパティオで美味しいモロカン料理をいただこう。タジンやクスクスもおしゃれな器やセッティングでどのレストランに行くよりも満足できる。このリヤドに泊まれば、マラケシュにまた戻りたくなるのは言うまでもない。

Riad Tchaikana
リヤド　チャイカナ

1_ 真っ白な空間では静かに過ごせそう　2_ 昔の邸宅で使われていた骨董品のようなドアは必見！

data
MAP p10-C 23
Derby el Ferrane 25-quartier Azbest Medina Marrakech
+212 524 38 5750
info@tchaikana.com　www.tchaikana.com

異国情緒漂う旅コレクションに囲まれて

フランス人カップルのバーバラさんとジェーンさんが手がけるエコシックなリヤド。2004年に自分たちの別荘としてリヤドを購入後、宿泊施設としてスタートした。その当時はマラケシュには宿泊施設としてのリヤドはほとんどなかったが、今では1000軒を超えるリヤドができているとか。2011年にはマラケシュに移り住むことを決め、現在は4人の女性スタッフとともにゲストを迎えている。

客室は全5室。装飾やインテリアは二人が実際に旅して集めてきた思い出のものばかり。バスタブはないが、清潔感ある広く快適で清潔な部屋は静かに過ごすにはぴったりだ。旅好きな二人と話をするのも滞在中の楽しみになるはず。東京へも訪れたことのある二人から日本の皆さんに「ぜひ違う世界、モロッコへ冒険に来てほしい」とのメッセージをいただいた。二人に会いにこのリヤドを訪れてみて。

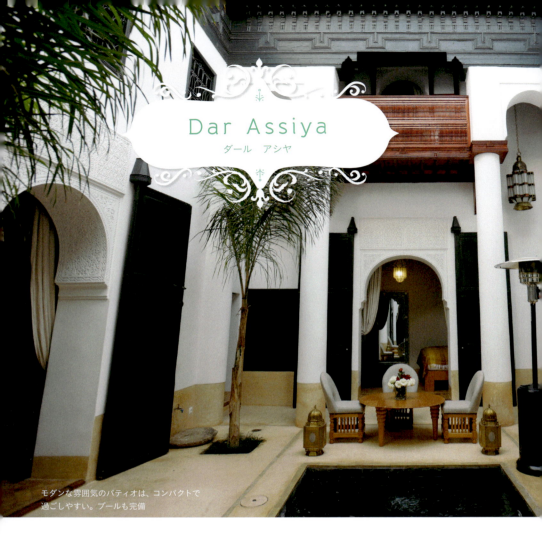

モダンな雰囲気のパティオは、コンパクトで
過ごしやすい。プールも完備

Dar Assiya
ダール　アシヤ

アフリカンティストを楽しむモロッコの邸宅

フナ広場からはスークの中を徒歩15分。写真博物館やベン・ユーセフの近くにあるが、人通りの少ない入り組んだ路地を入ったところにあるため、初めて訪れる時には少しわかりにくいかもしれない。宿泊の際は近くのムッカフ広場まで迎えにきてもらおう。ムッカフ広場までは車で入ることも可能。イタリア人オーナのセンスが光る静かで居心地のいいダール。美しい中庭を囲むように部屋があり、リヤドよりもひとまわりコンパクトなダールという部類の宿泊施設にあたる。アフリカンテイストの調度品やシックなインテリアは男性にも人気なんだとか。フレ

1_アフリカンテイストが楽しめる Dueria Room　2_イスラム装飾の美しいアイアンワークの窓枠

エキゾチックなモロカンランプ

data
MAP p10-C 24
Derb Ouali 20 Kaat Benahid Medina Marrakech
+212 524 38 2180
info@darassiya.com
www.darassiya.com

ンドリーなスタッフの距離感が絶妙で、アットホームな雰囲気が好きな人にオススメ。料理にも定評があるので滞在中は一度は試してみて。大型リヤドが苦手な人にはゆっくり静かに滞在できるダールは過ごしやすい。
ドアを入ると宇宙空間をイメージしたエントランスを通り抜けてパティオに向かう。なんとも神聖な気分になる空間だ。伝統的な雰囲気を残しつつもスタイリッシュにまとめられたパティオには、小さいながらもリラックスできるジャグジープールがあり、暑い日にはプールで涼むこともできる。

1_2階の部屋からの眺め　2_シャワーのみの部屋もあるので事前確認を　3_ドアを開けるとまるで宇宙空間のような回廊を通ってパティオにむかう

客室は全5室。どの部屋もアフリカンテイストのインテリアが魅力的。ベッドやチェスト、ドアや天井までふんだんにモロッコの伝統装飾が施されているのでぜひチェックしてみて。部屋というより、まるで小さな美術館のよう。ハマムこそないもののモロッコのアルガンオイルや質のいいエッセンシャルオイルを使ったマッサージセラーピーメニューが充実している。部屋かマッサージルームで施術を受けられるので滞在中はぜひトライしてみよう。

シーシャを楽しむこともできる

1_ Tuareg Roomも人気の部屋だ　2＆3_ アフリカンテイストのサロンは天井までもイスラム建築が施されていて圧巻

La Ferme Medina
ラ・フェルメ・メディナ

プライベートテラス付きの部屋もある

1_ 部屋はナチュラル素材でまとめられたエコな空間に　2_ バスルームもふんだんに木を使ったインテリア　3_ レストランやセレクトショップも併設されたパティオ

data
MAP p10-D
Trik Jazouli 236, Riad Laarouss Medina Marrakech
+212 524 38 7768
laferme.med@gmail.com　www.lafermed.com

自然を感じるロッジ風リヤドでエコ滞在

2016年11月にオープンしたばかりの新しいリヤド。フナ広場からは徒歩20分。ダール・エル・バシャからは徒歩3分と大変便利な場所にある。警察官や警備員も多く安心の立地だ。リヤドのすぐ近くまで車で入れるので大きな荷物があっても助かる。「メディナの中の農園」をコンセプトに建築資材にもこだわり全5室の部屋にはナチュラル素材を取り入れたエコシックなロッジ風リヤド。レストランでは食材にもこだわった現地モロッコ人女性の作る美味しいモロカン料理がいただける。ハマム＆スパも完備。館内にはモロカン雑貨のセレクトショップもある。ここではスークのように疲れることなくゆっくりと洗練された雑貨が購入できる。週末にはパティオでモロカンミュージシャンによるライブなども行われる予定だ。予約の取れない人気リヤドになる前にぜひ訪れてみて。

Riad Lyla
リヤド ライラ

大きなプールのあるパティオは緑も多く癒される空間

別棟のパティオも緑豊かだ

data
MAP p10-E
🏠 Derb Ouartani 4 Mouassine Medina Marrakech
☎ +212 668 17 0712
✉ domfabdup@gmail.com 🌐 www.riad-lyla-marrakech.com

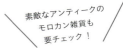
素敵なアンティークの
モロッカン雑貨も
要チェック！

エキゾチックなイスラム建築とアンティークを楽しむ

フナ広場からはメインのスークの中を徒歩5分、大通りから少し路地の中を入った突き当たりにある。タクシーが入れるクスール門からもすぐ。路地の手前までタクシーで入れるので荷物が多くても安心。オススメの雑貨ショップや人気カフェが数多く並ぶムアッシン通りからも近く、絶好のロケーション。ショッピングや観光をして疲れてもすぐに戻って来られるのはありがたい。買い物や街歩きメインの女子旅にピッタリなリヤドだ。親切なフランス人マネージャードミニクさんが困ったことがあれば何でもサポートしてくれるので一人旅の女性でも安心して滞在ができる。スタッフもフレンドリーで、豪華なリヤドの雰囲気が苦手な人でもモロッコの雰囲気を味わいながらもリラックスして過ごせる。大きなプールがあり、暑い日でもゆったり過ごせる。モロッカンレストランも人気で雰囲気抜群

(上)開放感あるテラスからはマラケシュの街が一望できる　(下)寒い日には暖炉のあるモロカンサロンでゆっくり過ごそう

1_ パティオには大きなプールが完備　2_ 思いがけないところに飾られるアートがステキ

アンティーク
コレクションもチェック！

の中ランチやディナーが楽しめる。
客室は全7室。すべてエキゾチックなモロカンインテリア。一部にはむかし使われていた壁や天井がそのまま保存されている部屋もある。バスルームはモロッコの伝統建築のタデラクトでできている。バスタブ付きの部屋もあるので事前に確認しよう。パティオやテラスは花や緑がいっぱいで開放的な雰囲気が楽しめる。オープンタイプのテラスから見えるマラケシュの眺めは最高に素晴らしい。特にアザーンを聞きながら眺める夕焼けの景色は感動！！ビールやワインを持って早めにスタンバイしよう。朝食もテラスの好きな席で。地元の女性が作るこのリヤドの朝食はどれも美味しく、自家製ヨーグルトに蜂蜜、焼きたてパンに手作りのフルーツジャム、絶品でお代わり自由というものだからつい食べ過ぎてしまう。

Riad Flam
リヤド　フラーム

モロッカンサロンは赤で統一

1_ 竹の植えられたパティオはどこか懐かしい雰囲気　2_ シンプルモダンなインテリアの客室

data
MAP p10-A
Derb Sidi Moussa 114, Riad Zitoun Jdid Medina Marrakech
+212 524 44 0101
flam@riadflam.com　www.riadflam.com

スパ三昧で女磨きを楽しむ女子旅ステイ

フナ広場から徒歩10分、バヒア宮殿のすぐそばにある。近くに大きなタクシー乗り場もあるのでスーツケースがあっても安心。ギリーズや砂漠ツアーへ行く時にも便利な立地だ。パティオに竹が植えられていたり、インテリアもどこかオリエンタルな要素が取り入れられていてアジアンモロカンといった雰囲気が漂っている。木材やモロッコの伝統的な石膏彫刻とふんだんに取り入れた内装は必見。

部屋は小さめだが水周りも清潔で快適に過ごせる。このリヤドの売りはなんといっても充実したスパメニュー。ハマムも完備していて、施術ルームではモロッコのアルガンオイルを使ったマッサージからインドのアーユルヴェーダマッサージまで受けることができる。ネイルやその他のビューティーメニューも豊富に揃っているので、女磨きの女子旅や母娘旅にオススメのリヤドだ。

カフェでリヤド体験　COLUMN 4

Riad Experience at the Cafe

リヤドの雰囲気だけでも味わってみたいという人は古い邸宅をリノヴェーションしたカフェがオススメ。メディナにはそういったカフェが続々とオープンしている。なかでも雰囲気抜群なのが、メディナの細い路地を入ったところにポツンとあるギャラリーカフェ「ダール・シェリファ」だ。16世紀の邸宅をリノヴェーションしてあり、当時使われていた壁や柱、漆喰の彫刻などがそのままの状態で保存されている。リヤドの宿泊時と同じでエントランスで呼び鈴を鳴らし、スタッフにドアを開けてもらって中に入るスタイル。カフェとしてだけでなく、ワークショップや展示会・コンサートなどさまざまなイベントが開催されている。静かに落ち着いて過ごせる空間でつい何時間も長居してしまう。読書をするには最高の居心地のカフェだ。体に優しいベジタリアンメニューも豊富に揃う。スークを歩き疲れたらぜひ訪れてみてほしい。

Dar Cherifa (ダール・シェリファ)
MAP p10
dar-cherifa.com

エキゾチックモロッコ
Exotic Morocco

各地をめぐるモロッコ
雑貨にであうモロッコ
おいしいモロッコ
かわいいモロッコ

Exotic Morocco

各地をめぐるモロッコ

宇宙と繋がるパワースポット　サハラ砂漠へ

「死ぬまでに一度は訪れてみたい！」見渡す限りオレンジ色の砂丘と満天の星空のサハラ砂漠。モロッコを旅するならぜひ訪れてほしい場所の一つ。ラクダの「サクッサクッ」と言う足音だけを聞きながら砂丘の奥へ進むと、夕日に照らされ刻々と変化していく美しい世界が広がる。光と陰のコントラストが壮大なこの景色は何度見ても感動！！！裸足でさらさらの砂の上を歩くと、ただそこにいるだけで大きなエネルギーに包まれる、まさに究極のパワースポットだ。写真だけでは絶対に伝わらない、この場所に立った者だけにしか味わえない空気がある。ラクダに乗って夕日に照らされた美しい砂漠を見たり、宇宙の神秘を感じる満天の星空、ブルーマンのテントで風の音だけを聞きながらただ静かに過ごす夜。これほどまでに贅沢な時間を、ぜひ自分の目で見て、体験しに訪れてみてください。

幾重にも重なる大砂丘は感動！

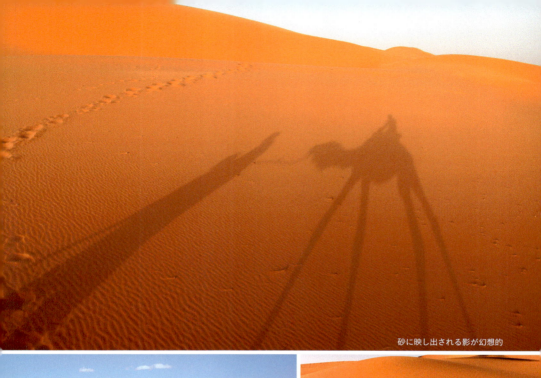
砂に映し出される影が幻想的

砂漠でテント泊も色々な意味で思い出になるはず

ラクダ引きのブルーマンと砂丘の奥へ

Exotic Morocco

各地をめぐるモロッコ
ロマンティックなバラの村　ケラア・ムグナへ

マラケシュからぜひ訪れてほしい村がある。カスバ街道を通り車を半日走らせて向かう、ダマスクローズの世界四大生産地の一つバラの村ケラア・ムグナだ。収穫量も少なく、日本では高価でなかなか手に入りにくいバラとしても有名なダマスクローズ。満開になるのは5月のたった2週間のみ。この期間は村全体がバラの香りに包まれる。ローズフェスティバルが開かれ、一年に一度のお祭り騒ぎだ。「バラの谷」と呼ばれる美しいオアシスで村の女性たちによってダマスクローズの収穫が始まると、花びらが摘み取られ収穫された花びらはすぐに工場へ。希少なローズオイルやローズウォーターに精製される。なんとローズオイルは約3000本のダマスクローズからたった1gしか取れない貴重なものなのだそう。村の少年たちもバラのシーズンにはこづかい稼ぎに道ばたでバラのレイを売り歩いている。ドライローズにしてお土産に持って帰るのにぴったり。ぜひトライしてみよう！

収穫時期には村中がバラ一色に染まってロマンティック

ビビッドなカラーのあやしい化粧品なども売られている

少年たちが売っている
レイはぜひお土産に

村にはたくさんローズ製品が売られていて可愛いショップも多い

Exotic Morocco

雑貨にであうモロッコ
エキゾチックなアラブのスークへ繰り出そう

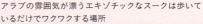

マラケシュには世界最大のスーク（市場）がある。リヤドの静けさとは反対に、スークに一歩入ればそこには色とりどりの雑貨が所狭しと並び、スパイスの香りと色にあふれた雑貨天国。網の目のように張り巡らされた迷路には小さなお店が無数にあり、日本で人気のモロッコ雑貨が何でも揃う。ショッピングするなら1日歩き回っていても飽きない場所だ。バブーシュにミントティグラス、かごバッグなどそれぞれに分かれているので、お目当ての雑貨を探しやすい。モロッコ人との交渉も楽しみながらとっておきのモロカン雑貨を見つけよう！

夜のスークは地元の人や観光客も徐々に増えてきて一段と面白くなってくる。スリには十分に気をつけて楽しもう。買い物をするときにはエコバックを忘れずに。

アラブの雰囲気が漂うエキゾチックなスークは歩いているだけでワクワクする場所

Exotic Morocco

おいしいモロッコ
体に優しい モロッコ旅のごはん

Cous Cous

モロッコの定番料理**クスクス**。世界最小のパスタの上にたっぷりのお野菜をのせた蒸し料理。

Tajin

モロッコの煮込み料理といったら**タジン**。チキンや野菜をタジン鍋で煮込んだ料理。味付けも店によって様々で飽きない美味しさ。

Moroccan Salada

毎日でも食べたくなる**モロカンサラダ**！色々な野菜を細かく刻んでスパイスで味付け。シンプルなのに本当に美味しくてはまります。

Brochette

ケフタブロシェット。ミンチ肉の串焼き。スパイスの効いたつくね風で日本人の口にも合う。

Bastilla

パスティラはデザートの定番。アーモンドやお肉を春巻きのような皮に包んで揚げて砂糖をまぶしたもの。

Moroccan Dishes

見た目に美味しい**モロッコ料理**は意外と日本人の口にも合います。野菜が多くヘルシー。

Orange Juce

オレンジジュース。感動の美味しさ！屋台でもリヤドでも毎日飲んでも飽きない。

Mint Tea

モロカンミントティ。どこへ行っても必ず出されるお茶。暑い日でも熱々＆砂糖たっぷりが体にしみる！

CocaCola

アラビア語の**コーラ**。パッケージが可愛い！缶のコーラは飲み終わったらお土産に持って帰るという人も。

日本の味噌汁のような位置づけのハリラスープ。ひよこ豆や野菜がたっぷりで体に優しい味。

ゴロゴロ野菜がたっぷりのベルベルサラダ。必ず入っているビーツがスパイスになってとっても美味しい！

朝食に必ず出てくるモロッコ風クレープ、ムスメン。たっぷりの蜂蜜をかけていただくのが美味しい！

モロッコのビールといえばカサブランカビール。苦みが効いていて美味しい。レトロなパッケージも可愛い。

屋台のエスカルゴスープ屋さん。勇気のある人はトライしてみて。栄養満点なんだとか。

オリーブは格安で種類も多い。購入の際は日本からジップロック持参がいい。

街のあちこちにタジン鍋の屋台がある。店によって味付けも具材も様々、食べ比べしてみよう！

モロッコの一般家庭では家で捏ねたパンを共同釜で焼く。焼きたては絶品！！

朝食のパン、モロカンブレッドはどれも美味しい。バターやアルガンオイルをつけていただく。

151

Exotic Morocco

かわいいモロッコ
キュートなモロッコお土産コレクション

モロッコには可愛い手仕事の雑貨がいっぱい！
なかでも、マラケシュで売られている雑貨はセンスも良くてオススメ。

No.1!

とんがりバブーシュ
人とは違うデザインを選ぶなら
モロッコの正装用とんがりバブーシュ

バブーシュ
モロッコのおみやげ人気ナンバー1はコレ！
ふかふかの履き心地がクセになるモロカンスリッパ

マルシェバッグ
形もデザインも種類が豊富にあるのでお気に入りを見つけよう

カゴクラッチ
夏のおみやげに大人気。
カラフルな刺繍が可愛い

ベルベルバスケット
パンを入れたり
収納に大活躍

ミントティセット
お家にもこんな可愛いセットがあったらお茶を飲みたくなりますね

ミントティの茶葉
帰国してからも
モロッコの味を楽しめる

ミントティポット
持ち手は熱くなるので
可愛いミトンをつけて

ミントティグラス
ペン立てや
小物収納としても使えます

152

タッセル
サブラ糸から
作られていて
サラサラのさわり心地

ファティマの手
お守りとしてドアに
つけても可愛い

刺繍製品
フェズという町でつくられる刺繍製品
はすべてハンドメイド

So cute!

カフタンドレス
砂漠に行くならカフタンドレスを
ゲットしてラクダに乗ろう!

モロカンボトル
リヤドではシャンプーを
入れておしゃれに

プフ
収納としても使える
モロカンクッション

アルガンオイル
現地では乾燥するのでお肌のお手入
れにも◎モロッコでしか採れないビ
タミンたっぷりのアルガンオイル

ローズオイル
ダマスクローズの
香りが人気!

クスクスパスタ
帰国してからクスクスを
作るならコレ

モロカンランプ
手荷物で割れないように
持って帰ろう

陶器
タジン型の陶器が
大人気

153

Exotic
Morocco

モロッコ基本情報

国名 〜〜〜〜 モロッコ王国　Kingdom of Morocco
首都 〜〜〜〜 ラバト　Rabat
元首 〜〜〜〜 モハメッド 6 世国王
宗教 〜〜〜〜 国教はイスラム教（スンニ派）……など
言語 〜〜〜〜 モロッコ方言のアラビア語（公用語）・フランス語・ベルベル語……など
民族 〜〜〜〜 ベルベル人・アラブ人
時差 〜〜〜〜 日本よりマイナス 9 時間（サマータイムは 8 時間）
電圧 & プラグ 〜 220V 50Hz C タイプ
通貨 〜〜〜〜 ディルハム（DH）
パスポート 〜〜 残存有効期限が 6 カ月以上
ビザ 〜〜〜〜 3 カ月以内の滞在は不要

❶ 気候

モロッコにもゆるやかな四季があり地域によって気候も様々。オススメの時期はカラッとした空気と真っ青な空、朝夕の気持ちの良い風がとても過ごしやすい 5 月と 10 月。5 月はダマスクローズの収穫時期でもありバラを楽しむにはピッタリの季節。

❷ 服装

夏は日差しがとても強く UV 対策を考えた服装を。冬でも日差しが強いのでサングラスや帽子は必須アイテム。冬のリヤドでは暖房の効きが悪かったり、バスルームが大きすぎて寒いことも。防寒対策はしっかりとして体調を崩さないようにしよう。

❸ チップについて

モロッコはチップ王国。イスラムの世界では「持てる者が持たざる者に施す行い」は天国に富を貯めることという考え方がある。気持ちの良いサービスを受けたときなど感謝の気持ちを込めてチップを渡しましょう。常に小銭を用意しておくのがマスト。

❹ 道案内やしつこい客引き

道に迷った時、若者が親切に寄って来てあとで高額なチップを請求してくるというトラブル。トラブルを避けるためにも道に迷った時は、近くに居る女性か店の店員に尋ねましょう。必要のない時には NO ！とハッキリ言うこと。

⑤ 交通手段

マラケシュではプチタクシーが便利。モロッコ国鉄ONCFは時間もほぼ正確で快適。大都市の移動にとても便利です。

⑥ フナ広場の大道芸人について

フナ広場には面白い大道芸人がたくさんいます。彼らの写真を撮る場合は20DHほどのチップを忘れずに。しつこい大道芸人とトラブルも多いので気をつけて。

⑦ 写真撮影について

モロッコはフォトジェニックな場所が多く、カメラ好きにとって魅力のある国。お互い気持ち良く過ごすためにも写真を撮る際には一言声をかけるか仲良くなってから。

⑧ 買い物での値段交渉

モロッコでのショッピングは交渉が基本中の基本。最近では値段のついてる店も増えては来ていますがスークでは交渉するのがモロッコ流。お気に入りのものを見つけたらミントティを飲みながらゆっくり交渉しつつ買い物をする時間と気力が必要です。ぜひモロッコ人との交渉を楽しんで。

⑨ 体調管理

飲み慣れた薬やちょっとした日本食は必ず持参しましょう。疲れたらムリをせず休み十分な睡眠をとること！暑い時期のモロッコではこまめな水分補給も必須です。

⑩ モロッコのお水

モロッコでの飲料水は水道水ではなくミネラルウォーターを。小さな商店でもカフェでもどこでも手に入ります。

オススメの持ち物

★ ウェットテッシュ（埃っぽいのでレストランやカフェで重宝します）

★ 保湿化粧品（モロッコは夏でも乾燥します。アルガンオイルを買うのもオススメ）

★ 日焼け止め（日差しが強いのでマストアイテム！）

★ スリッパ（部屋で使うスリッパは現地のスークで格安バブーシュをGET！）

★ 常備薬（乾燥や埃で目をやられる事が多いので目薬も忘れずに）

★ 日本食（もしもの時に胃に優しいおかゆやレトルトのお味噌汁があると助かります）

★ 虫除け＆かゆみ止め（地方に行くと刺される事が良くあります）

★ 水着（ハマムに行く場合やリヤドでプールに入る時にあると便利）

★ ビーチサンダル（ハマムや砂漠へ行く時はビーサンがマスト！）

Epilogue

Fatima Journey をスタートしてから
大好きな旅の本を出版するのはこれで 3 冊目になりました。

今回、素敵なリヤドを紹介できる本を
またこうして作ることができとっても幸せに思います。

デザインがあがってくるたび
私自身が一番ワクワクしながら進めさせていただきました。
一人では絶対にできなかったこと

一つひとつのご縁がつながって
遠いモロッコと日本
たくさんの方々との出逢いと協力のもと
こうして一冊の本を完成することができました。

現地で快く取材に応じてくれたリヤドオーナー
マラケシュで取材協力してくれたスタッフ
素敵なデザインに仕上げてくださったデザイナーの KAKO さん
書肆侃侃房 編集の池田雪さん

この本を手にとってくださった読者のみなさん
関わってくださった全ての方々に心から感謝しています。
ありがとうございました。

これからも好きなこと　ご縁の不思議を大切に
世界を旅していきたいと思っています。

また次の旅でお会いしましょう！

Yuka

\ 世界を巡る大人の女子旅本♪ /

中世の可愛いおとぎの村、一生に一度は訪れたい奇跡の絶景
ショパンの足跡を辿る旅、宮殿ホテル、ヨーロッパ鉄道の旅
アンティークの紙もの、カリグラフィー、手しごと雑貨。
心ときめく"可愛い"がつまった旅本が完成しました。

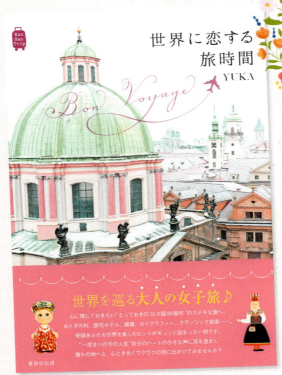

KanKanTrip24
Bon Voyage！
世界に恋する旅時間
YUKA
A5、並製、
192ページオールカラー
定価：本体1,800円＋税
ISBN978-4-86385-427-7

世界の可愛い♡がいっぱい！

§ イギリスのマナーハウスに泊まる
§ スペインでは世界一キュートな花のお祭りへ
§ おとぎの世界を訪れるフランスの旅
§ 青と白の絶景！ギリシャでウェディング
§ 中世の街並みを楽しむチェコ
§ ショパンに想いを馳せてポーランドへ
§ ハンガリーでは宮殿カフェめぐり
§ チロル地方を楽しむオーストリアの旅
§ 可愛いがつまったスロバキア
§ 絶景鉄道を楽しむスイスの旅
§ ドイツでは心煌めくクリスマス
§ 絵本の世界広がるベルギー
§ 手仕事雑貨を探すイタリアの旅
§ オレンジ色の絶景広がるクロアチア
§ エキゾチックなボスニアヘルツェゴビナ
§ 可愛いミトン探しにバルト三国へ
§ ボリビアでは一生に一度は見たいウユニ塩湖へ
§ 色鮮やかな民族衣装を探すペルーの旅
§ ネパールではスピリチュアルスポット巡り
§ 絶景洞窟ホテルで過ごすトルコの旅
§ イスラムの香り漂うチュニジア
§ 魅惑のモロッコでは究極のパワースポットへ

著者プロフィール

YUKA

Voyage Photo & Atelier Salon
Travel PhotoWriter
www.voyagephoto.jp

イギリス留学をきっかけにひとり旅に魅了される。
これまでに訪れた国は50カ国以上。
とくに東ヨーロッパ方面への旅が好きで
中世の街並みや民族衣装・手仕事に惹かれ
カメラ片手に世界中を旅しながら撮影を続けている。
旅での様々な経験やインスピレーションをもとに
旅本出版やコラムの執筆、旅イベントや写真展を
開催。
セレクトショップFatima Journey 運営など
さまざまな形で「旅」の魅力を発信している。

著書
「Bon Voyage！世界に恋する旅時間」KanKanTrip24
「I LOVE MOROCCO」(メディアイランド)
「I LOVE EUROPE 女ひとり旅」(プレスセブン)

写真展
幻想のウユニ(Fatima Journey Atelier Salon)
モロッコ＆日本展 (Université cadi ayyad)

※本書の情報は、2017年8月当時のものです。掲載後に変更になる場合があります。

KanKanTrip18
モロッコ　邸宅リヤドで暮らすように旅をする
2017年10月10日　第1版第1刷発行
2022年12月12日　第1版第2刷発行

著　者	YUKA	
発行者	田島安江	
発行所	書肆侃侃房（しょしかんかんぼう）	

〒810-0041 福岡市中央区大名2-8-18-501
TEL 092-735-2802 FAX 092-735-2792
http://www.kankanbou.com
info@kankanbou.com

印刷・製本　アロー印刷株式会社

©YUKA 2017 Printed in Japan
ISBN978-4-86385-281-5　C0026

写　真　YUKA
　　　　山内城司
　　　　（Voyage Photo Atelier & Salon）

イラスト　MIWAKO IBA

ブックデザイン　増喜尊子（増喜設計室）

編　集　池田雪（書肆侃侃房）

撮影協力　Gilles ESPIASSE
取材協力　蒲谷幸子（Yukiko KABAYA）
写真提供　David Loftus/Joanna Vestey/
　　　　　Saad Alami/François puget/
　　　　　Nectarome Japan/Ingrid Debertry
　　　　　Barbara Seine/Riad Camilia/
　　　　　Riad&Spa Esprit du Maroc /
　　　　　Riad Al Massala/
　　　　　Riad Mur Akush/Riad 72

落丁・乱丁本は送料小社負担にてお取り替え致します。
本書の一部または全部の複写（コピー）・複製・転訳載および磁気などの
記録媒体への入力などは、著作権法上での例外を除き、禁じます。